Guía Para Escribir Los Números Romanos

Numeración del 1 al 3999

José David Leyva

Luis Daniel Leyva

José Luis Leyva

ISBN: 1514349892
ISBN-13: 978-1514349892

Dedicamos este libro Manú. Ella es nuestra inspiración para todo lo que hacemos.

Reglas de Los Números Romanos

Los romanos en la antigüedad utilizaban siete letras mayúsculas para designar los números. Estas letras y sus valores son:

I = 1

V = 5

X = 10

L = 50

C = 100

D = 500

M = 1000

En la actualidad, los números romanos tienen varias aplicaciones, como por ejemplo, el nombre de los siglos, para algunos relojes, así como para los capítulos de libros. Las reglas que se deben seguir para escribir los números romanos son la regla de la *repetición*, la regla de la *suma* y la regla de la *resta*.

Regla de La Repetición

1.- Las letras (números) I, X, C y M se pueden repetir dos o tres veces. Cuando van juntas se suman sus valores, por ejemplo:

III = 3

XX = 20

CCC = 300

MM = 2,000

2.- Las letras V, L, D no se pueden repetir. Entonces, sería incorrecto escribir:

VV = 10

LL = 100

DD = 1,000

Regla de La Suma

Cuando se coloca un número a la derecha de otro que sea de igual o menor valor que él, se suman los valores de ambos, por ejemplo:

VII = 5 + 1 + 1 = 7

LX = 50 + 10 = 60

DCC = 500 + 100 + 100 = 700

Regla de La Resta

1.- Si se coloca un número a la izquierda de otro de más valor, se restan sus valores, por ejemplo:

IX = 10 - 1 = 9

XL = 50 - 10 = 40

CM = 1,000 - 100 = 900

2.- Los números I, X y C.

La letra I sólo se puede colocar delante de V, X.

IV = 4

IX = 9

El número X sólo se puede colocar delante de L, C.

XL = 50 - 10 = 40

XC = 100 - 10 = 90

El número C sólo se puede colocar delante de D, M.

CD = 500 - 100 = 400

CM = 1.000 - 100 = 900

Regla de La Multiplicación

Una raya horizontal colocada encima de una letra o grupo de letras multiplica su valor por 1.000.

$\overline{V}$ = 5 x 1.000 = 5,000

A continuación está una lista con todos los numerous romanos
del 1 al 3999

1: I	19: XIX
2: II	20: XX
3: III	21: XXI
4: IV	22: XXII
5: V	23: XXIII
6: VI	24: XXIV
7: VII	25: XXV
8: VIII	26: XXVI
9: IX	27: XXVII
10: X	28: XXVIII
11: XI	29: XXIX
12: XII	30: XXX
13: XIII	31: XXXI
14: XIV	32: XXXII
15: XV	33: XXXIII
16: XVI	34: XXXIV
17: XVII	35: XXXV
18: XVIII	36: XXXVI

37: XXXVII	56: LVI
38: XXXVIII	57: LVII
39: XXXIX	58: LVIII
40: XL	59: LIX
41: XLI	60: LX
42: XLII	61: LXI
43: XLIII	62: LXII
44: XLIV	63: LXIII
45: XLV	64: LXIV
46: XLVI	65: LXV
47: XLVII	66: LXVI
48: XLVIII	67: LXVII
49: XLIX	68: LXVIII
50: L	69: LXIX
51: LI	70: LXX
52: LII	71: LXXI
53: LIII	72: LXXII
54: LIV	73: LXXIII
55: LV	74: LXXIV

75: LXXV	94: XCIV
76: LXXVI	95: XCV
77: LXXVII	96: XCVI
78: LXXVIII	97: XCVII
79: LXXIX	98: XCVIII
80: LXXX	99: XCIX
81: LXXXI	100: C
82: LXXXII	101: CI
83: LXXXIII	102: CII
84: LXXXIV	103: CIII
85: LXXXV	104: CIV
86: LXXXVI	105: CV
87: LXXXVII	106: CVI
88: LXXXVIII	107: CVII
89: LXXXIX	108: CVIII
90: XC	109: CIX
91: XCI	110: CX
92: XCII	111: CXI
93: XCIII	112: CXII

113: CXIII	132: CXXXII
114: CXIV	133: CXXXIII
115: CXV	134: CXXXIV
116: CXVI	135: CXXXV
117: CXVII	136: CXXXVI
118: CXVIII	137: CXXXVII
119: CXIX	138: CXXXVIII
120: CXX	139: CXXXIX
121: CXXI	140: CXL
122: CXXII	141: CXLI
123: CXXIII	142: CXLII
124: CXXIV	143: CXLIII
125: CXXV	144: CXLIV
126: CXXVI	145: CXLV
127: CXXVII	146: CXLVI
128: CXXVIII	147: CXLVII
129: CXXIX	148: CXLVIII
130: CXXX	149: CXLIX
131: CXXXI	150: CL

151: CLI	170: CLXX
152: CLII	171: CLXXI
153: CLIII	172: CLXXII
154: CLIV	173: CLXXIII
155: CLV	174: CLXXIV
156: CLVI	175: CLXXV
157: CLVII	176: CLXXVI
158: CLVIII	177: CLXXVII
159: CLIX	178: CLXXVIII
160: CLX	179: CLXXIX
161: CLXI	180: CLXXX
162: CLXII	181: CLXXXI
163: CLXIII	182: CLXXXII
164: CLXIV	183: CLXXXIII
165: CLXV	184: CLXXXIV
166: CLXVI	185: CLXXXV
167: CLXVII	186: CLXXXVI
168: CLXVIII	187: CLXXXVII
169: CLXIX	188: CLXXXVIII

189: CLXXXIX	208: CCVIII
190: CXC	209: CCIX
191: CXCI	210: CCX
192: CXCII	211: CCXI
193: CXCIII	212: CCXII
194: CXCIV	213: CCXIII
195: CXCV	214: CCXIV
196: CXCVI	215: CCXV
197: CXCVII	216: CCXVI
198: CXCVIII	217: CCXVII
199: CXCIX	218: CCXVIII
200: CC	219: CCXIX
201: CCI	220: CCXX
202: CCII	221: CCXXI
203: CCIII	222: CCXXII
204: CCIV	223: CCXXIII
205: CCV	224: CCXXIV
206: CCVI	225: CCXXV
207: CCVII	226: CCXXVI

227: CCXXVII	246: CCXLVI
228: CCXXVIII	247: CCXLVII
229: CCXXIX	248: CCXLVIII
230: CCXXX	249: CCXLIX
231: CCXXXI	250: CCL
232: CCXXXII	251: CCLI
233: CCXXXIII	252: CCLII
234: CCXXXIV	253: CCLIII
235: CCXXXV	254: CCLIV
236: CCXXXVI	255: CCLV
237: CCXXXVII	256: CCLVI
238: CCXXXVIII	257: CCLVII
239: CCXXXIX	258: CCLVIII
240: CCXL	259: CCLIX
241: CCXLI	260: CCLX
242: CCXLII	261: CCLXI
243: CCXLIII	262: CCLXII
244: CCXLIV	263: CCLXIII
245: CCXLV	264: CCLXIV

265: CCLXV	284: CCLXXXIV
266: CCLXVI	285: CCLXXXV
267: CCLXVII	286: CCLXXXVI
268: CCLXVIII	287: CCLXXXVII
269: CCLXIX	288: CCLXXXVIII
270: CCLXX	289: CCLXXXIX
271: CCLXXI	290: CCXC
272: CCLXXII	291: CCXCI
273: CCLXXIII	292: CCXCII
274: CCLXXIV	293: CCXCIII
275: CCLXXV	294: CCXCIV
276: CCLXXVI	295: CCXCV
277: CCLXXVII	296: CCXCVI
278: CCLXXVIII	297: CCXCVII
279: CCLXXIX	298: CCXCVIII
280: CCLXXX	299: CCXCIX
281: CCLXXXI	300: CCC
282: CCLXXXII	301: CCCI
283: CCLXXXIII	302: CCCII

303: CCCIII	322: CCCXXII
304: CCCIV	323: CCCXXIII
305: CCCV	324: CCCXXIV
306: CCCVI	325: CCCXXV
307: CCCVII	326: CCCXXVI
308: CCCVIII	327: CCCXXVII
309: CCCIX	328: CCCXXVIII
310: CCCX	329: CCCXXIX
311: CCCXI	330: CCCXXX
312: CCCXII	331: CCCXXXI
313: CCCXIII	332: CCCXXXII
314: CCCXIV	333: CCCXXXIII
315: CCCXV	334: CCCXXXIV
316: CCCXVI	335: CCCXXXV
317: CCCXVII	336: CCCXXXVI
318: CCCXVIII	337: CCCXXXVII
319: CCCXIX	338: CCCXXXVIII
320: CCCXX	339: CCCXXXIX
321: CCCXXI	340: CCCXL

341: CCCXLI	360: CCCLX
342: CCCXLII	361: CCCLXI
343: CCCXLIII	362: CCCLXII
344: CCCXLIV	363: CCCLXIII
345: CCCXLV	364: CCCLXIV
346: CCCXLVI	365: CCCLXV
347: CCCXLVII	366: CCCLXVI
348: CCCXLVIII	367: CCCLXVII
349: CCCXLIX	368: CCCLXVIII
350: CCCL	369: CCCLXIX
351: CCCLI	370: CCCLXX
352: CCCLII	371: CCCLXXI
353: CCCLIII	372: CCCLXXII
354: CCCLIV	373: CCCLXXIII
355: CCCLV	374: CCCLXXIV
356: CCCLVI	375: CCCLXXV
357: CCCLVII	376: CCCLXXVI
358: CCCLVIII	377: CCCLXXVII
359: CCCLIX	378: CCCLXXVIII

379: CCCLXXIX	398: CCCXCVIII
380: CCCLXXX	399: CCCXCIX
381: CCCLXXXI	400: CD
382: CCCLXXXII	401: CDI
383: CCCLXXXIII	402: CDII
384: CCCLXXXIV	403: CDIII
385: CCCLXXXV	404: CDIV
386: CCCLXXXVI	405: CDV
387: CCCLXXXVII	406: CDVI
388: CCCLXXXVIII	407: CDVII
389: CCCLXXXIX	408: CDVIII
390: CCCXC	409: CDIX
391: CCCXCI	410: CDX
392: CCCXCII	411: CDXI
393: CCCXCIII	412: CDXII
394: CCCXCIV	413: CDXIII
395: CCCXCV	414: CDXIV
396: CCCXCVI	415: CDXV
397: CCCXCVII	416: CDXVI

417: CDXVII	436: CDXXXVI
418: CDXVIII	437: CDXXXVII
419: CDXIX	438: CDXXXVIII
420: CDXX	439: CDXXXIX
421: CDXXI	440: CDXL
422: CDXXII	441: CDXLI
423: CDXXIII	442: CDXLII
424: CDXXIV	443: CDXLIII
425: CDXXV	444: CDXLIV
426: CDXXVI	445: CDXLV
427: CDXXVII	446: CDXLVI
428: CDXXVIII	447: CDXLVII
429: CDXXIX	448: CDXLVIII
430: CDXXX	449: CDXLIX
431: CDXXXI	450: CDL
432: CDXXXII	451: CDLI
433: CDXXXIII	452: CDLII
434: CDXXXIV	453: CDLIII
435: CDXXXV	454: CDLIV

455: CDLV	474: CDLXXIV
456: CDLVI	475: CDLXXV
457: CDLVII	476: CDLXXVI
458: CDLVIII	477: CDLXXVII
459: CDLIX	478: CDLXXVIII
460: CDLX	479: CDLXXIX
461: CDLXI	480: CDLXXX
462: CDLXII	481: CDLXXXI
463: CDLXIII	482: CDLXXXII
464: CDLXIV	483: CDLXXXIII
465: CDLXV	484: CDLXXXIV
466: CDLXVI	485: CDLXXXV
467: CDLXVII	486: CDLXXXVI
468: CDLXVIII	487: CDLXXXVII
469: CDLXIX	488: CDLXXXVIII
470: CDLXX	489: CDLXXXIX
471: CDLXXI	490: CDXC
472: CDLXXII	491: CDXCI
473: CDLXXIII	492: CDXCII

493: CDXCIII

494: CDXCIV

495: CDXCV

496: CDXCVI

497: CDXCVII

498: CDXCVIII

499: CDXCIX

500: D

501: DI

502: DII

503: DIII

504: DIV

505: DV

506: DVI

507: DVII

508: DVIII

509: DIX

510: DX

511: DXI

512: DXII

513: DXIII

514: DXIV

515: DXV

516: DXVI

517: DXVII

518: DXVIII

519: DXIX

520: DXX

521: DXXI

522: DXXII

523: DXXIII

524: DXXIV

525: DXXV

526: DXXVI

527: DXXVII

528: DXXVIII

529: DXXIX

530: DXXX

531: DXXXI	550: DL
532: DXXXII	551: DLI
533: DXXXIII	552: DLII
534: DXXXIV	553: DLIII
535: DXXXV	554: DLIV
536: DXXXVI	555: DLV
537: DXXXVII	556: DLVI
538: DXXXVIII	557: DLVII
539: DXXXIX	558: DLVIII
540: DXL	559: DLIX
541: DXLI	560: DLX
542: DXLII	561: DLXI
543: DXLIII	562: DLXII
544: DXLIV	563: DLXIII
545: DXLV	564: DLXIV
546: DXLVI	565: DLXV
547: DXLVII	566: DLXVI
548: DXLVIII	567: DLXVII
549: DXLIX	568: DLXVIII

569: DLXIX	588: DLXXXVIII
570: DLXX	589: DLXXXIX
571: DLXXI	590: DXC
572: DLXXII	591: DXCI
573: DLXXIII	592: DXCII
574: DLXXIV	593: DXCIII
575: DLXXV	594: DXCIV
576: DLXXVI	595: DXCV
577: DLXXVII	596: DXCVI
578: DLXXVIII	597: DXCVII
579: DLXXIX	598: DXCVIII
580: DLXXX	599: DXCIX
581: DLXXXI	600: DC
582: DLXXXII	601: DCI
583: DLXXXIII	602: DCII
584: DLXXXIV	603: DCIII
585: DLXXXV	604: DCIV
586: DLXXXVI	605: DCV
587: DLXXXVII	606: DCVI

607: DCVII	626: DCXXVI
608: DCVIII	627: DCXXVII
609: DCIX	628: DCXXVIII
610: DCX	629: DCXXIX
611: DCXI	630: DCXXX
612: DCXII	631: DCXXXI
613: DCXIII	632: DCXXXII
614: DCXIV	633: DCXXXIII
615: DCXV	634: DCXXXIV
616: DCXVI	635: DCXXXV
617: DCXVII	636: DCXXXVI
618: DCXVIII	637: DCXXXVII
619: DCXIX	638: DCXXXVIII
620: DCXX	639: DCXXXIX
621: DCXXI	640: DCXL
622: DCXXII	641: DCXLI
623: DCXXIII	642: DCXLII
624: DCXXIV	643: DCXLIII
625: DCXXV	644: DCXLIV

645: DCXLV	664: DCLXIV
646: DCXLVI	665: DCLXV
647: DCXLVII	666: DCLXVI
648: DCXLVIII	667: DCLXVII
649: DCXLIX	668: DCLXVIII
650: DCL	669: DCLXIX
651: DCLI	670: DCLXX
652: DCLII	671: DCLXXI
653: DCLIII	672: DCLXXII
654: DCLIV	673: DCLXXIII
655: DCLV	674: DCLXXIV
656: DCLVI	675: DCLXXV
657: DCLVII	676: DCLXXVI
658: DCLVIII	677: DCLXXVII
659: DCLIX	678: DCLXXVIII
660: DCLX	679: DCLXXIX
661: DCLXI	680: DCLXXX
662: DCLXII	681: DCLXXXI
663: DCLXIII	682: DCLXXXII

683: DCLXXXIII	702: DCCII
684: DCLXXXIV	703: DCCIII
685: DCLXXXV	704: DCCIV
686: DCLXXXVI	705: DCCV
687: DCLXXXVII	706: DCCVI
688: DCLXXXVIII	707: DCCVII
689: DCLXXXIX	708: DCCVIII
690: DCXC	709: DCCIX
691: DCXCI	710: DCCX
692: DCXCII	711: DCCXI
693: DCXCIII	712: DCCXII
694: DCXCIV	713: DCCXIII
695: DCXCV	714: DCCXIV
696: DCXCVI	715: DCCXV
697: DCXCVII	716: DCCXVI
698: DCXCVIII	717: DCCXVII
699: DCXCIX	718: DCCXVIII
700: DCC	719: DCCXIX
701: DCCI	720: DCCXX

721: DCCXXI	740: DCCXL
722: DCCXXII	741: DCCXLI
723: DCCXXIII	742: DCCXLII
724: DCCXXIV	743: DCCXLIII
725: DCCXXV	744: DCCXLIV
726: DCCXXVI	745: DCCXLV
727: DCCXXVII	746: DCCXLVI
728: DCCXXVIII	747: DCCXLVII
729: DCCXXIX	748: DCCXLVIII
730: DCCXXX	749: DCCXLIX
731: DCCXXXI	750: DCCL
732: DCCXXXII	751: DCCLI
733: DCCXXXIII	752: DCCLII
734: DCCXXXIV	753: DCCLIII
735: DCCXXXV	754: DCCLIV
736: DCCXXXVI	755: DCCLV
737: DCCXXXVII	756: DCCLVI
738: DCCXXXVIII	757: DCCLVII
739: DCCXXXIX	758: DCCLVIII

759: DCCLIX

760: DCCLX

761: DCCLXI

762: DCCLXII

763: DCCLXIII

764: DCCLXIV

765: DCCLXV

766: DCCLXVI

767: DCCLXVII

768: DCCLXVIII

769: DCCLXIX

770: DCCLXX

771: DCCLXXI

772: DCCLXXII

773: DCCLXXIII

774: DCCLXXIV

775: DCCLXXV

776: DCCLXXVI

777: DCCLXXVII

778: DCCLXXVIII

779: DCCLXXIX

780: DCCLXXX

781: DCCLXXXI

782: DCCLXXXII

783: DCCLXXXIII

784: DCCLXXXIV

785: DCCLXXXV

786: DCCLXXXVI

787: DCCLXXXVII

788: DCCLXXXVIII

789: DCCLXXXIX

790: DCCXC

791: DCCXCI

792: DCCXCII

793: DCCXCIII

794: DCCXCIV

795: DCCXCV

796: DCCXCVI

797: DCCXCVII

798: DCCXCVIII

799: DCCXCIX

800: DCCC

801: DCCCI

802: DCCCII

803: DCCCIII

804: DCCCIV

805: DCCCV

806: DCCCVI

807: DCCCVII

808: DCCCVIII

809: DCCCIX

810: DCCCX

811: DCCCXI

812: DCCCXII

813: DCCCXIII

814: DCCCXIV

815: DCCCXV

816: DCCCXVI

817: DCCCXVII

818: DCCCXVIII

819: DCCCXIX

820: DCCCXX

821: DCCCXXI

822: DCCCXXII

823: DCCCXXIII

824: DCCCXXIV

825: DCCCXXV

826: DCCCXXVI

827: DCCCXXVII

828: DCCCXXVIII

829: DCCCXXIX

830: DCCCXXX

831: DCCCXXXI

832: DCCCXXXII

833: DCCCXXXIII

834: DCCCXXXIV

835: DCCCXXXV

836: DCCCXXXVI

837: DCCCXXXVII

838: DCCCXXXVIII

839: DCCCXXXIX

840: DCCCXL

841: DCCCXLI

842: DCCCXLII

843: DCCCXLIII

844: DCCCXLIV

845: DCCCXLV

846: DCCCXLVI

847: DCCCXLVII

848: DCCCXLVIII

849: DCCCXLIX

850: DCCCL

851: DCCCLI

852: DCCCLII

853: DCCCLIII

854: DCCCLIV

855: DCCCLV

856: DCCCLVI

857: DCCCLVII

858: DCCCLVIII

859: DCCCLIX

860: DCCCLX

861: DCCCLXI

862: DCCCLXII

863: DCCCLXIII

864: DCCCLXIV

865: DCCCLXV

866: DCCCLXVI

867: DCCCLXVII

868: DCCCLXVIII

869: DCCCLXIX

870: DCCCLXX

871: DCCCLXXI

872: DCCCLXXII

873: DCCCLXXIII	892: DCCCXCII
874: DCCCLXXIV	893: DCCCXCIII
875: DCCCLXXV	894: DCCCXCIV
876: DCCCLXXVI	895: DCCCXCV
877: DCCCLXXVII	896: DCCCXCVI
878: DCCCLXXVIII	897: DCCCXCVII
879: DCCCLXXIX	898: DCCCXCVIII
880: DCCCLXXX	899: DCCCXCIX
881: DCCCLXXXI	900: CM
882: DCCCLXXXII	901: CMI
883: DCCCLXXXIII	902: CMII
884: DCCCLXXXIV	903: CMIII
885: DCCCLXXXV	904: CMIV
886: DCCCLXXXVI	905: CMV
887: DCCCLXXXVII	906: CMVI
888: DCCCLXXXVIII	907: CMVII
889: DCCCLXXXIX	908: CMVIII
890: DCCCXC	909: CMIX
891: DCCCXCI	910: CMX

911: CMXI	930: CMXXX
912: CMXII	931: CMXXXI
913: CMXIII	932: CMXXXII
914: CMXIV	933: CMXXXIII
915: CMXV	934: CMXXXIV
916: CMXVI	935: CMXXXV
917: CMXVII	936: CMXXXVI
918: CMXVIII	937: CMXXXVII
919: CMXIX	938: CMXXXVIII
920: CMXX	939: CMXXXIX
921: CMXXI	940: CMXL
922: CMXXII	941: CMXLI
923: CMXXIII	942: CMXLII
924: CMXXIV	943: CMXLIII
925: CMXXV	944: CMXLIV
926: CMXXVI	945: CMXLV
927: CMXXVII	946: CMXLVI
928: CMXXVIII	947: CMXLVII
929: CMXXIX	948: CMXLVIII

949: CMXLIX	968: CMLXVIII
950: CML	969: CMLXIX
951: CMLI	970: CMLXX
952: CMLII	971: CMLXXI
953: CMLIII	972: CMLXXII
954: CMLIV	973: CMLXXIII
955: CMLV	974: CMLXXIV
956: CMLVI	975: CMLXXV
957: CMLVII	976: CMLXXVI
958: CMLVIII	977: CMLXXVII
959: CMLIX	978: CMLXXVIII
960: CMLX	979: CMLXXIX
961: CMLXI	980: CMLXXX
962: CMLXII	981: CMLXXXI
963: CMLXIII	982: CMLXXXII
964: CMLXIV	983: CMLXXXIII
965: CMLXV	984: CMLXXXIV
966: CMLXVI	985: CMLXXXV
967: CMLXVII	986: CMLXXXVI

987: CMLXXXVII	1006: MVI
988: CMLXXXVIII	1007: MVII
989: CMLXXXIX	1008: MVIII
990: CMXC	1009: MIX
991: CMXCI	1010: MX
992: CMXCII	1011: MXI
993: CMXCIII	1012: MXII
994: CMXCIV	1013: MXIII
995: CMXCV	1014: MXIV
996: CMXCVI	1015: MXV
997: CMXCVII	1016: MXVI
998: CMXCVIII	1017: MXVII
999: CMXCIX	1018: MXVIII
1000: M	1019: MXIX
1001: MI	1020: MXX
1002: MII	1021: MXXI
1003: MIII	1022: MXXII
1004: MIV	1023: MXXIII
1005: MV	1024: MXXIV

1025: MXXV	1044: MXLIV
1026: MXXVI	1045: MXLV
1027: MXXVII	1046: MXLVI
1028: MXXVIII	1047: MXLVII
1029: MXXIX	1048: MXLVIII
1030: MXXX	1049: MXLIX
1031: MXXXI	1050: ML
1032: MXXXII	1051: MLI
1033: MXXXIII	1052: MLII
1034: MXXXIV	1053: MLIII
1035: MXXXV	1054: MLIV
1036: MXXXVI	1055: MLV
1037: MXXXVII	1056: MLVI
1038: MXXXVIII	1057: MLVII
1039: MXXXIX	1058: MLVIII
1040: MXL	1059: MLIX
1041: MXLI	1060: MLX
1042: MXLII	1061: MLXI
1043: MXLIII	1062: MLXII

1063: MLXIII	1082: MLXXXII
1064: MLXIV	1083: MLXXXIII
1065: MLXV	1084: MLXXXIV
1066: MLXVI	1085: MLXXXV
1067: MLXVII	1086: MLXXXVI
1068: MLXVIII	1087: MLXXXVII
1069: MLXIX	1088: MLXXXVIII
1070: MLXX	1089: MLXXXIX
1071: MLXXI	1090: MXC
1072: MLXXII	1091: MXCI
1073: MLXXIII	1092: MXCII
1074: MLXXIV	1093: MXCIII
1075: MLXXV	1094: MXCIV
1076: MLXXVI	1095: MXCV
1077: MLXXVII	1096: MXCVI
1078: MLXXVIII	1097: MXCVII
1079: MLXXIX	1098: MXCVIII
1080: MLXXX	1099: MXCIX
1081: MLXXXI	1100: MC

1101: MCI	1120: MCXX
1102: MCII	1121: MCXXI
1103: MCIII	1122: MCXXII
1104: MCIV	1123: MCXXIII
1105: MCV	1124: MCXXIV
1106: MCVI	1125: MCXXV
1107: MCVII	1126: MCXXVI
1108: MCVIII	1127: MCXXVII
1109: MCIX	1128: MCXXVIII
1110: MCX	1129: MCXXIX
1111: MCXI	1130: MCXXX
1112: MCXII	1131: MCXXXI
1113: MCXIII	1132: MCXXXII
1114: MCXIV	1133: MCXXXIII
1115: MCXV	1134: MCXXXIV
1116: MCXVI	1135: MCXXXV
1117: MCXVII	1136: MCXXXVI
1118: MCXVIII	1137: MCXXXVII
1119: MCXIX	1138: MCXXXVIII

1139: MCXXXIX

1140: MCXL

1141: MCXLI

1142: MCXLII

1143: MCXLIII

1144: MCXLIV

1145: MCXLV

1146: MCXLVI

1147: MCXLVII

1148: MCXLVIII

1149: MCXLIX

1150: MCL

1151: MCLI

1152: MCLII

1153: MCLIII

1154: MCLIV

1155: MCLV

1156: MCLVI

1157: MCLVII

1158: MCLVIII

1159: MCLIX

1160: MCLX

1161: MCLXI

1162: MCLXII

1163: MCLXIII

1164: MCLXIV

1165: MCLXV

1166: MCLXVI

1167: MCLXVII

1168: MCLXVIII

1169: MCLXIX

1170: MCLXX

1171: MCLXXI

1172: MCLXXII

1173: MCLXXIII

1174: MCLXXIV

1175: MCLXXV

1176: MCLXXVI

1177: MCLXXVII

1178: MCLXXVIII

1179: MCLXXIX

1180: MCLXXX

1181: MCLXXXI

1182: MCLXXXII

1183: MCLXXXIII

1184: MCLXXXIV

1185: MCLXXXV

1186: MCLXXXVI

1187: MCLXXXVII

1188: MCLXXXVIII

1189: MCLXXXIX

1190: MCXC

1191: MCXCI

1192: MCXCII

1193: MCXCIII

1194: MCXCIV

1195: MCXCV

1196: MCXCVI

1197: MCXCVII

1198: MCXCVIII

1199: MCXCIX

1200: MCC

1201: MCCI

1202: MCCII

1203: MCCIII

1204: MCCIV

1205: MCCV

1206: MCCVI

1207: MCCVII

1208: MCCVIII

1209: MCCIX

1210: MCCX

1211: MCCXI

1212: MCCXII

1213: MCCXIII

1214: MCCXIV

1215: MCCXV	1234: MCCXXXIV
1216: MCCXVI	1235: MCCXXXV
1217: MCCXVII	1236: MCCXXXVI
1218: MCCXVIII	1237: MCCXXXVII
1219: MCCXIX	1238: MCCXXXVIII
1220: MCCXX	1239: MCCXXXIX
1221: MCCXXI	1240: MCCXL
1222: MCCXXII	1241: MCCXLI
1223: MCCXXIII	1242: MCCXLII
1224: MCCXXIV	1243: MCCXLIII
1225: MCCXXV	1244: MCCXLIV
1226: MCCXXVI	1245: MCCXLV
1227: MCCXXVII	1246: MCCXLVI
1228: MCCXXVIII	1247: MCCXLVII
1229: MCCXXIX	1248: MCCXLVIII
1230: MCCXXX	1249: MCCXLIX
1231: MCCXXXI	1250: MCCL
1232: MCCXXXII	1251: MCCLI
1233: MCCXXXIII	1252: MCCLII

1253: MCCLIII	1272: MCCLXXII
1254: MCCLIV	1273: MCCLXXIII
1255: MCCLV	1274: MCCLXXIV
1256: MCCLVI	1275: MCCLXXV
1257: MCCLVII	1276: MCCLXXVI
1258: MCCLVIII	1277: MCCLXXVII
1259: MCCLIX	1278: MCCLXXVIII
1260: MCCLX	1279: MCCLXXIX
1261: MCCLXI	1280: MCCLXXX
1262: MCCLXII	1281: MCCLXXXI
1263: MCCLXIII	1282: MCCLXXXII
1264: MCCLXIV	1283: MCCLXXXIII
1265: MCCLXV	1284: MCCLXXXIV
1266: MCCLXVI	1285: MCCLXXXV
1267: MCCLXVII	1286: MCCLXXXVI
1268: MCCLXVIII	1287: MCCLXXXVII
1269: MCCLXIX	1288: MCCLXXXVIII
1270: MCCLXX	1289: MCCLXXXIX
1271: MCCLXXI	1290: MCCXC

1291: MCCXCI

1292: MCCXCII

1293: MCCXCIII

1294: MCCXCIV

1295: MCCXCV

1296: MCCXCVI

1297: MCCXCVII

1298: MCCXCVIII

1299: MCCXCIX

1300: MCCC

1301: MCCCI

1302: MCCCII

1303: MCCCIII

1304: MCCCIV

1305: MCCCV

1306: MCCCVI

1307: MCCCVII

1308: MCCCVIII

1309: MCCCIX

1310: MCCCX

1311: MCCCXI

1312: MCCCXII

1313: MCCCXIII

1314: MCCCXIV

1315: MCCCXV

1316: MCCCXVI

1317: MCCCXVII

1318: MCCCXVIII

1319: MCCCXIX

1320: MCCCXX

1321: MCCCXXI

1322: MCCCXXII

1323: MCCCXXIII

1324: MCCCXXIV

1325: MCCCXXV

1326: MCCCXXVI

1327: MCCCXXVII

1328: MCCCXXVIII

1329: MCCCXXIX	1348: MCCCXLVIII
1330: MCCCXXX	1349: MCCCXLIX
1331: MCCCXXXI	1350: MCCCL
1332: MCCCXXXII	1351: MCCCLI
1333: MCCCXXXIII	1352: MCCCLII
1334: MCCCXXXIV	1353: MCCCLIII
1335: MCCCXXXV	1354: MCCCLIV
1336: MCCCXXXVI	1355: MCCCLV
1337: MCCCXXXVII	1356: MCCCLVI
1338: MCCCXXXVIII	1357: MCCCLVII
1339: MCCCXXXIX	1358: MCCCLVIII
1340: MCCCXL	1359: MCCCLIX
1341: MCCCXLI	1360: MCCCLX
1342: MCCCXLII	1361: MCCCLXI
1343: MCCCXLIII	1362: MCCCLXII
1344: MCCCXLIV	1363: MCCCLXIII
1345: MCCCXLV	1364: MCCCLXIV
1346: MCCCXLVI	1365: MCCCLXV
1347: MCCCXLVII	1366: MCCCLXVI

1367: MCCCLXVII

1368: MCCCLXVIII

1369: MCCCLXIX

1370: MCCCLXX

1371: MCCCLXXI

1372: MCCCLXXII

1373: MCCCLXXIII

1374: MCCCLXXIV

1375: MCCCLXXV

1376: MCCCLXXVI

1377: MCCCLXXVII

1378: MCCCLXXVIII

1379: MCCCLXXIX

1380: MCCCLXXX

1381: MCCCLXXXI

1382: MCCCLXXXII

1383: MCCCLXXXIII

1384: MCCCLXXXIV

1385: MCCCLXXXV

1386: MCCCLXXXVI

1387: MCCCLXXXVII

1388: MCCCLXXXVIII

1389: MCCCLXXXIX

1390: MCCCXC

1391: MCCCXCI

1392: MCCCXCII

1393: MCCCXCIII

1394: MCCCXCIV

1395: MCCCXCV

1396: MCCCXCVI

1397: MCCCXCVII

1398: MCCCXCVIII

1399: MCCCXCIX

1400: MCD

1401: MCDI

1402: MCDII

1403: MCDIII

1404: MCDIV

1405: MCDV	1424: MCDXXIV
1406: MCDVI	1425: MCDXXV
1407: MCDVII	1426: MCDXXVI
1408: MCDVIII	1427: MCDXXVII
1409: MCDIX	1428: MCDXXVIII
1410: MCDX	1429: MCDXXIX
1411: MCDXI	1430: MCDXXX
1412: MCDXII	1431: MCDXXXI
1413: MCDXIII	1432: MCDXXXII
1414: MCDXIV	1433: MCDXXXIII
1415: MCDXV	1434: MCDXXXIV
1416: MCDXVI	1435: MCDXXXV
1417: MCDXVII	1436: MCDXXXVI
1418: MCDXVIII	1437: MCDXXXVII
1419: MCDXIX	1438: MCDXXXVIII
1420: MCDXX	1439: MCDXXXIX
1421: MCDXXI	1440: MCDXL
1422: MCDXXII	1441: MCDXLI
1423: MCDXXIII	1442: MCDXLII

1443: MCDXLIII

1444: MCDXLIV

1445: MCDXLV

1446: MCDXLVI

1447: MCDXLVII

1448: MCDXLVIII

1449: MCDXLIX

1450: MCDL

1451: MCDLI

1452: MCDLII

1453: MCDLIII

1454: MCDLIV

1455: MCDLV

1456: MCDLVI

1457: MCDLVII

1458: MCDLVIII

1459: MCDLIX

1460: MCDLX

1461: MCDLXI

1462: MCDLXII

1463: MCDLXIII

1464: MCDLXIV

1465: MCDLXV

1466: MCDLXVI

1467: MCDLXVII

1468: MCDLXVIII

1469: MCDLXIX

1470: MCDLXX

1471: MCDLXXI

1472: MCDLXXII

1473: MCDLXXIII

1474: MCDLXXIV

1475: MCDLXXV

1476: MCDLXXVI

1477: MCDLXXVII

1478: MCDLXXVIII

1479: MCDLXXIX

1480: MCDLXXX

1481: MCDLXXXI	1500: MD
1482: MCDLXXXII	1501: MDI
1483: MCDLXXXIII	1502: MDII
1484: MCDLXXXIV	1503: MDIII
1485: MCDLXXXV	1504: MDIV
1486: MCDLXXXVI	1505: MDV
1487: MCDLXXXVII	1506: MDVI
1488: MCDLXXXVIII	1507: MDVII
1489: MCDLXXXIX	1508: MDVIII
1490: MCDXC	1509: MDIX
1491: MCDXCI	1510: MDX
1492: MCDXCII	1511: MDXI
1493: MCDXCIII	1512: MDXII
1494: MCDXCIV	1513: MDXIII
1495: MCDXCV	1514: MDXIV
1496: MCDXCVI	1515: MDXV
1497: MCDXCVII	1516: MDXVI
1498: MCDXCVIII	1517: MDXVII
1499: MCDXCIX	1518: MDXVIII

1519: MDXIX

1520: MDXX

1521: MDXXI

1522: MDXXII

1523: MDXXIII

1524: MDXXIV

1525: MDXXV

1526: MDXXVI

1527: MDXXVII

1528: MDXXVIII

1529: MDXXIX

1530: MDXXX

1531: MDXXXI

1532: MDXXXII

1533: MDXXXIII

1534: MDXXXIV

1535: MDXXXV

1536: MDXXXVI

1537: MDXXXVII

1538: MDXXXVIII

1539: MDXXXIX

1540: MDXL

1541: MDXLI

1542: MDXLII

1543: MDXLIII

1544: MDXLIV

1545: MDXLV

1546: MDXLVI

1547: MDXLVII

1548: MDXLVIII

1549: MDXLIX

1550: MDL

1551: MDLI

1552: MDLII

1553: MDLIII

1554: MDLIV

1555: MDLV

1556: MDLVI

1557: MDLVII	1576: MDLXXVI
1558: MDLVIII	1577: MDLXXVII
1559: MDLIX	1578: MDLXXVIII
1560: MDLX	1579: MDLXXIX
1561: MDLXI	1580: MDLXXX
1562: MDLXII	1581: MDLXXXI
1563: MDLXIII	1582: MDLXXXII
1564: MDLXIV	1583: MDLXXXIII
1565: MDLXV	1584: MDLXXXIV
1566: MDLXVI	1585: MDLXXXV
1567: MDLXVII	1586: MDLXXXVI
1568: MDLXVIII	1587: MDLXXXVII
1569: MDLXIX	1588: MDLXXXVIII
1570: MDLXX	1589: MDLXXXIX
1571: MDLXXI	1590: MDXC
1572: MDLXXII	1591: MDXCI
1573: MDLXXIII	1592: MDXCII
1574: MDLXXIV	1593: MDXCIII
1575: MDLXXV	1594: MDXCIV

1595: MDXCV	1614: MDCXIV
1596: MDXCVI	1615: MDCXV
1597: MDXCVII	1616: MDCXVI
1598: MDXCVIII	1617: MDCXVII
1599: MDXCIX	1618: MDCXVIII
1600: MDC	1619: MDCXIX
1601: MDCI	1620: MDCXX
1602: MDCII	1621: MDCXXI
1603: MDCIII	1622: MDCXXII
1604: MDCIV	1623: MDCXXIII
1605: MDCV	1624: MDCXXIV
1606: MDCVI	1625: MDCXXV
1607: MDCVII	1626: MDCXXVI
1608: MDCVIII	1627: MDCXXVII
1609: MDCIX	1628: MDCXXVIII
1610: MDCX	1629: MDCXXIX
1611: MDCXI	1630: MDCXXX
1612: MDCXII	1631: MDCXXXI
1613: MDCXIII	1632: MDCXXXII

1633: MDCXXXIII	1652: MDCLII
1634: MDCXXXIV	1653: MDCLIII
1635: MDCXXXV	1654: MDCLIV
1636: MDCXXXVI	1655: MDCLV
1637: MDCXXXVII	1656: MDCLVI
1638: MDCXXXVIII	1657: MDCLVII
1639: MDCXXXIX	1658: MDCLVIII
1640: MDCXL	1659: MDCLIX
1641: MDCXLI	1660: MDCLX
1642: MDCXLII	1661: MDCLXI
1643: MDCXLIII	1662: MDCLXII
1644: MDCXLIV	1663: MDCLXIII
1645: MDCXLV	1664: MDCLXIV
1646: MDCXLVI	1665: MDCLXV
1647: MDCXLVII	1666: MDCLXVI
1648: MDCXLVIII	1667: MDCLXVII
1649: MDCXLIX	1668: MDCLXVIII
1650: MDCL	1669: MDCLXIX
1651: MDCLI	1670: MDCLXX

1671: MDCLXXI	1690: MDCXC
1672: MDCLXXII	1691: MDCXCI
1673: MDCLXXIII	1692: MDCXCII
1674: MDCLXXIV	1693: MDCXCIII
1675: MDCLXXV	1694: MDCXCIV
1676: MDCLXXVI	1695: MDCXCV
1677: MDCLXXVII	1696: MDCXCVI
1678: MDCLXXVIII	1697: MDCXCVII
1679: MDCLXXIX	1698: MDCXCVIII
1680: MDCLXXX	1699: MDCXCIX
1681: MDCLXXXI	1700: MDCC
1682: MDCLXXXII	1701: MDCCI
1683: MDCLXXXIII	1702: MDCCII
1684: MDCLXXXIV	1703: MDCCIII
1685: MDCLXXXV	1704: MDCCIV
1686: MDCLXXXVI	1705: MDCCV
1687: MDCLXXXVII	1706: MDCCVI
1688: MDCLXXXVIII	1707: MDCCVII
1689: MDCLXXXIX	1708: MDCCVIII

1709: MDCCIX	1728: MDCCXXVIII
1710: MDCCX	1729: MDCCXXIX
1711: MDCCXI	1730: MDCCXXX
1712: MDCCXII	1731: MDCCXXXI
1713: MDCCXIII	1732: MDCCXXXII
1714: MDCCXIV	1733: MDCCXXXIII
1715: MDCCXV	1734: MDCCXXXIV
1716: MDCCXVI	1735: MDCCXXXV
1717: MDCCXVII	1736: MDCCXXXVI
1718: MDCCXVIII	1737: MDCCXXXVII
1719: MDCCXIX	1738: MDCCXXXVIII
1720: MDCCXX	1739: MDCCXXXIX
1721: MDCCXXI	1740: MDCCXL
1722: MDCCXXII	1741: MDCCXLI
1723: MDCCXXIII	1742: MDCCXLII
1724: MDCCXXIV	1743: MDCCXLIII
1725: MDCCXXV	1744: MDCCXLIV
1726: MDCCXXVI	1745: MDCCXLV
1727: MDCCXXVII	1746: MDCCXLVI

1747: MDCCXLVII

1748: MDCCXLVIII

1749: MDCCXLIX

1750: MDCCL

1751: MDCCLI

1752: MDCCLII

1753: MDCCLIII

1754: MDCCLIV

1755: MDCCLV

1756: MDCCLVI

1757: MDCCLVII

1758: MDCCLVIII

1759: MDCCLIX

1760: MDCCLX

1761: MDCCLXI

1762: MDCCLXII

1763: MDCCLXIII

1764: MDCCLXIV

1765: MDCCLXV

1766: MDCCLXVI

1767: MDCCLXVII

1768: MDCCLXVIII

1769: MDCCLXIX

1770: MDCCLXX

1771: MDCCLXXI

1772: MDCCLXXII

1773: MDCCLXXIII

1774: MDCCLXXIV

1775: MDCCLXXV

1776: MDCCLXXVI

1777: MDCCLXXVII

1778: MDCCLXXVIII

1779: MDCCLXXIX

1780: MDCCLXXX

1781: MDCCLXXXI

1782: MDCCLXXXII

1783: MDCCLXXXIII

1784: MDCCLXXXIV

1785: MDCCLXXXV	1804: MDCCCIV
1786: MDCCLXXXVI	1805: MDCCCV
1787: MDCCLXXXVII	1806: MDCCCVI
1788: MDCCLXXXVIII	1807: MDCCCVII
1789: MDCCLXXXIX	1808: MDCCCVIII
1790: MDCCXC	1809: MDCCCIX
1791: MDCCXCI	1810: MDCCCX
1792: MDCCXCII	1811: MDCCCXI
1793: MDCCXCIII	1812: MDCCCXII
1794: MDCCXCIV	1813: MDCCCXIII
1795: MDCCXCV	1814: MDCCCXIV
1796: MDCCXCVI	1815: MDCCCXV
1797: MDCCXCVII	1816: MDCCCXVI
1798: MDCCXCVIII	1817: MDCCCXVII
1799: MDCCXCIX	1818: MDCCCXVIII
1800: MDCCC	1819: MDCCCXIX
1801: MDCCCI	1820: MDCCCXX
1802: MDCCCII	1821: MDCCCXXI
1803: MDCCCIII	1822: MDCCCXXII

1823: MDCCCXXIII	1842: MDCCCXLII
1824: MDCCCXXIV	1843: MDCCCXLIII
1825: MDCCCXXV	1844: MDCCCXLIV
1826: MDCCCXXVI	1845: MDCCCXLV
1827: MDCCCXXVII	1846: MDCCCXLVI
1828: MDCCCXXVIII	1847: MDCCCXLVII
1829: MDCCCXXIX	1848: MDCCCXLVIII
1830: MDCCCXXX	1849: MDCCCXLIX
1831: MDCCCXXXI	1850: MDCCCL
1832: MDCCCXXXII	1851: MDCCCLI
1833: MDCCCXXXIII	1852: MDCCCLII
1834: MDCCCXXXIV	1853: MDCCCLIII
1835: MDCCCXXXV	1854: MDCCCLIV
1836: MDCCCXXXVI	1855: MDCCCLV
1837: MDCCCXXXVII	1856: MDCCCLVI
1838: MDCCCXXXVIII	1857: MDCCCLVII
1839: MDCCCXXXIX	1858: MDCCCLVIII
1840: MDCCCXL	1859: MDCCCLIX
1841: MDCCCXLI	1860: MDCCCLX

1861: MDCCCLXI	1880: MDCCCLXXX
1862: MDCCCLXII	1881: MDCCCLXXXI
1863: MDCCCLXIII	1882: MDCCCLXXXII
1864: MDCCCLXIV	1883: MDCCCLXXXIII
1865: MDCCCLXV	1884: MDCCCLXXXIV
1866: MDCCCLXVI	1885: MDCCCLXXXV
1867: MDCCCLXVII	1886: MDCCCLXXXVI
1868: MDCCCLXVIII	1887: MDCCCLXXXVII
1869: MDCCCLXIX	1888: MDCCCLXXXVIII
1870: MDCCCLXX	1889: MDCCCLXXXIX
1871: MDCCCLXXI	1890: MDCCCXC
1872: MDCCCLXXII	1891: MDCCCXCI
1873: MDCCCLXXIII	1892: MDCCCXCII
1874: MDCCCLXXIV	1893: MDCCCXCIII
1875: MDCCCLXXV	1894: MDCCCXCIV
1876: MDCCCLXXVI	1895: MDCCCXCV
1877: MDCCCLXXVII	1896: MDCCCXCVI
1878: MDCCCLXXVIII	1897: MDCCCXCVII
1879: MDCCCLXXIX	1898: MDCCCXCVIII

1899: MDCCCXCIX	1918: MCMXVIII
1900: MCM	1919: MCMXIX
1901: MCMI	1920: MCMXX
1902: MCMII	1921: MCMXXI
1903: MCMIII	1922: MCMXXII
1904: MCMIV	1923: MCMXXIII
1905: MCMV	1924: MCMXXIV
1906: MCMVI	1925: MCMXXV
1907: MCMVII	1926: MCMXXVI
1908: MCMVIII	1927: MCMXXVII
1909: MCMIX	1928: MCMXXVIII
1910: MCMX	1929: MCMXXIX
1911: MCMXI	1930: MCMXXX
1912: MCMXII	1931: MCMXXXI
1913: MCMXIII	1932: MCMXXXII
1914: MCMXIV	1933: MCMXXXIII
1915: MCMXV	1934: MCMXXXIV
1916: MCMXVI	1935: MCMXXXV
1917: MCMXVII	1936: MCMXXXVI

1937: MCMXXXVII	1956: MCMLVI
1938: MCMXXXVIII	1957: MCMLVII
1939: MCMXXXIX	1958: MCMLVIII
1940: MCMXL	1959: MCMLIX
1941: MCMXLI	1960: MCMLX
1942: MCMXLII	1961: MCMLXI
1943: MCMXLIII	1962: MCMLXII
1944: MCMXLIV	1963: MCMLXIII
1945: MCMXLV	1964: MCMLXIV
1946: MCMXLVI	1965: MCMLXV
1947: MCMXLVII	1966: MCMLXVI
1948: MCMXLVIII	1967: MCMLXVII
1949: MCMXLIX	1968: MCMLXVIII
1950: MCML	1969: MCMLXIX
1951: MCMLI	1970: MCMLXX
1952: MCMLII	1971: MCMLXXI
1953: MCMLIII	1972: MCMLXXII
1954: MCMLIV	1973: MCMLXXIII
1955: MCMLV	1974: MCMLXXIV

1975: MCMLXXV

1976: MCMLXXVI

1977: MCMLXXVII

1978: MCMLXXVIII

1979: MCMLXXIX

1980: MCMLXXX

1981: MCMLXXXI

1982: MCMLXXXII

1983: MCMLXXXIII

1984: MCMLXXXIV

1985: MCMLXXXV

1986: MCMLXXXVI

1987: MCMLXXXVII

1988: MCMLXXXVIII

1989: MCMLXXXIX

1990: MCMXC

1991: MCMXCI

1992: MCMXCII

1993: MCMXCIII

1994: MCMXCIV

1995: MCMXCV

1996: MCMXCVI

1997: MCMXCVII

1998: MCMXCVIII

1999: MCMXCIX

2000: MM

2001: MMI

2002: MMII

2003: MMIII

2004: MMIV

2005: MMV

2006: MMVI

2007: MMVII

2008: MMVIII

2009: MMIX

2010: MMX

2011: MMXI

2012: MMXII

2013: MMXIII	2032: MMXXXII
2014: MMXIV	2033: MMXXXIII
2015: MMXV	2034: MMXXXIV
2016: MMXVI	2035: MMXXXV
2017: MMXVII	2036: MMXXXVI
2018: MMXVIII	2037: MMXXXVII
2019: MMXIX	2038: MMXXXVIII
2020: MMXX	2039: MMXXXIX
2021: MMXXI	2040: MMXL
2022: MMXXII	2041: MMXLI
2023: MMXXIII	2042: MMXLII
2024: MMXXIV	2043: MMXLIII
2025: MMXXV	2044: MMXLIV
2026: MMXXVI	2045: MMXLV
2027: MMXXVII	2046: MMXLVI
2028: MMXXVIII	2047: MMXLVII
2029: MMXXIX	2048: MMXLVIII
2030: MMXXX	2049: MMXLIX
2031: MMXXXI	2050: MML

2051: MMLI	2070: MMLXX
2052: MMLII	2071: MMLXXI
2053: MMLIII	2072: MMLXXII
2054: MMLIV	2073: MMLXXIII
2055: MMLV	2074: MMLXXIV
2056: MMLVI	2075: MMLXXV
2057: MMLVII	2076: MMLXXVI
2058: MMLVIII	2077: MMLXXVII
2059: MMLIX	2078: MMLXXVIII
2060: MMLX	2079: MMLXXIX
2061: MMLXI	2080: MMLXXX
2062: MMLXII	2081: MMLXXXI
2063: MMLXIII	2082: MMLXXXII
2064: MMLXIV	2083: MMLXXXIII
2065: MMLXV	2084: MMLXXXIV
2066: MMLXVI	2085: MMLXXXV
2067: MMLXVII	2086: MMLXXXVI
2068: MMLXVIII	2087: MMLXXXVII
2069: MMLXIX	2088: MMLXXXVIII

2089: MMLXXXIX	2108: MMCVIII
2090: MMXC	2109: MMCIX
2091: MMXCI	2110: MMCX
2092: MMXCII	2111: MMCXI
2093: MMXCIII	2112: MMCXII
2094: MMXCIV	2113: MMCXIII
2095: MMXCV	2114: MMCXIV
2096: MMXCVI	2115: MMCXV
2097: MMXCVII	2116: MMCXVI
2098: MMXCVIII	2117: MMCXVII
2099: MMXCIX	2118: MMCXVIII
2100: MMC	2119: MMCXIX
2101: MMCI	2120: MMCXX
2102: MMCII	2121: MMCXXI
2103: MMCIII	2122: MMCXXII
2104: MMCIV	2123: MMCXXIII
2105: MMCV	2124: MMCXXIV
2106: MMCVI	2125: MMCXXV
2107: MMCVII	2126: MMCXXVI

2127: MMCXXVII	2146: MMCXLVI
2128: MMCXXVIII	2147: MMCXLVII
2129: MMCXXIX	2148: MMCXLVIII
2130: MMCXXX	2149: MMCXLIX
2131: MMCXXXI	2150: MMCL
2132: MMCXXXII	2151: MMCLI
2133: MMCXXXIII	2152: MMCLII
2134: MMCXXXIV	2153: MMCLIII
2135: MMCXXXV	2154: MMCLIV
2136: MMCXXXVI	2155: MMCLV
2137: MMCXXXVII	2156: MMCLVI
2138: MMCXXXVIII	2157: MMCLVII
2139: MMCXXXIX	2158: MMCLVIII
2140: MMCXL	2159: MMCLIX
2141: MMCXLI	2160: MMCLX
2142: MMCXLII	2161: MMCLXI
2143: MMCXLIII	2162: MMCLXII
2144: MMCXLIV	2163: MMCLXIII
2145: MMCXLV	2164: MMCLXIV

2165: MMCLXV

2166: MMCLXVI

2167: MMCLXVII

2168: MMCLXVIII

2169: MMCLXIX

2170: MMCLXX

2171: MMCLXXI

2172: MMCLXXII

2173: MMCLXXIII

2174: MMCLXXIV

2175: MMCLXXV

2176: MMCLXXVI

2177: MMCLXXVII

2178: MMCLXXVIII

2179: MMCLXXIX

2180: MMCLXXX

2181: MMCLXXXI

2182: MMCLXXXII

2183: MMCLXXXIII

2184: MMCLXXXIV

2185: MMCLXXXV

2186: MMCLXXXVI

2187: MMCLXXXVII

2188: MMCLXXXVIII

2189: MMCLXXXIX

2190: MMCXC

2191: MMCXCI

2192: MMCXCII

2193: MMCXCIII

2194: MMCXCIV

2195: MMCXCV

2196: MMCXCVI

2197: MMCXCVII

2198: MMCXCVIII

2199: MMCXCIX

2200: MMCC

2201: MMCCI

2202: MMCCII

2203: MMCCIII

2204: MMCCIV

2205: MMCCV

2206: MMCCVI

2207: MMCCVII

2208: MMCCVIII

2209: MMCCIX

2210: MMCCX

2211: MMCCXI

2212: MMCCXII

2213: MMCCXIII

2214: MMCCXIV

2215: MMCCXV

2216: MMCCXVI

2217: MMCCXVII

2218: MMCCXVIII

2219: MMCCXIX

2220: MMCCXX

2221: MMCCXXI

2222: MMCCXXII

2223: MMCCXXIII

2224: MMCCXXIV

2225: MMCCXXV

2226: MMCCXXVI

2227: MMCCXXVII

2228: MMCCXXVIII

2229: MMCCXXIX

2230: MMCCXXX

2231: MMCCXXXI

2232: MMCCXXXII

2233: MMCCXXXIII

2234: MMCCXXXIV

2235: MMCCXXXV

2236: MMCCXXXVI

2237: MMCCXXXVII

2238: MMCCXXXVIII

2239: MMCCXXXIX

2240: MMCCXL

2241: MMCCXLI	2260: MMCCLX
2242: MMCCXLII	2261: MMCCLXI
2243: MMCCXLIII	2262: MMCCLXII
2244: MMCCXLIV	2263: MMCCLXIII
2245: MMCCXLV	2264: MMCCLXIV
2246: MMCCXLVI	2265: MMCCLXV
2247: MMCCXLVII	2266: MMCCLXVI
2248: MMCCXLVIII	2267: MMCCLXVII
2249: MMCCXLIX	2268: MMCCLXVIII
2250: MMCCL	2269: MMCCLXIX
2251: MMCCLI	2270: MMCCLXX
2252: MMCCLII	2271: MMCCLXXI
2253: MMCCLIII	2272: MMCCLXXII
2254: MMCCLIV	2273: MMCCLXXIII
2255: MMCCLV	2274: MMCCLXXIV
2256: MMCCLVI	2275: MMCCLXXV
2257: MMCCLVII	2276: MMCCLXXVI
2258: MMCCLVIII	2277: MMCCLXXVII
2259: MMCCLIX	2278: MMCCLXXVIII

2279: MMCCLXXIX

2280: MMCCLXXX

2281: MMCCLXXXI

2282: MMCCLXXXII

2283: MMCCLXXXIII

2284: MMCCLXXXIV

2285: MMCCLXXXV

2286: MMCCLXXXVI

2287: MMCCLXXXVII

2288: MMCCLXXXVIII

2289: MMCCLXXXIX

2290: MMCCXC

2291: MMCCXCI

2292: MMCCXCII

2293: MMCCXCIII

2294: MMCCXCIV

2295: MMCCXCV

2296: MMCCXCVI

2297: MMCCXCVII

2298: MMCCXCVIII

2299: MMCCXCIX

2300: MMCCC

2301: MMCCCI

2302: MMCCCII

2303: MMCCCIII

2304: MMCCCIV

2305: MMCCCV

2306: MMCCCVI

2307: MMCCCVII

2308: MMCCCVIII

2309: MMCCCIX

2310: MMCCCX

2311: MMCCCXI

2312: MMCCCXII

2313: MMCCCXIII

2314: MMCCCXIV

2315: MMCCCXV

2316: MMCCCXVI

2317: MMCCCXVII

2318: MMCCCXVIII

2319: MMCCCXIX

2320: MMCCCXX

2321: MMCCCXXI

2322: MMCCCXXII

2323: MMCCCXXIII

2324: MMCCCXXIV

2325: MMCCCXXV

2326: MMCCCXXVI

2327: MMCCCXXVII

2328: MMCCCXXVIII

2329: MMCCCXXIX

2330: MMCCCXXX

2331: MMCCCXXXI

2332: MMCCCXXXII

2333: MMCCCXXXIII

2334: MMCCCXXXIV

2335: MMCCCXXXV

2336: MMCCCXXXVI

2337: MMCCCXXXVII

2338: MMCCCXXXVIII

2339: MMCCCXXXIX

2340: MMCCCXL

2341: MMCCCXLI

2342: MMCCCXLII

2343: MMCCCXLIII

2344: MMCCCXLIV

2345: MMCCCXLV

2346: MMCCCXLVI

2347: MMCCCXLVII

2348: MMCCCXLVIII

2349: MMCCCXLIX

2350: MMCCCL

2351: MMCCCLI

2352: MMCCCLII

2353: MMCCCLIII

2354: MMCCCLIV

2355: MMCCCLV

2356: MMCCCLVI

2357: MMCCCLVII

2358: MMCCCLVIII

2359: MMCCCLIX

2360: MMCCCLX

2361: MMCCCLXI

2362: MMCCCLXII

2363: MMCCCLXIII

2364: MMCCCLXIV

2365: MMCCCLXV

2366: MMCCCLXVI

2367: MMCCCLXVII

2368: MMCCCLXVIII

2369: MMCCCLXIX

2370: MMCCCLXX

2371: MMCCCLXXI

2372: MMCCCLXXII

2373: MMCCCLXXIII

2374: MMCCCLXXIV

2375: MMCCCLXXV

2376: MMCCCLXXVI

2377: MMCCCLXXVII

2378: MMCCCLXXVIII

2379: MMCCCLXXIX

2380: MMCCCLXXX

2381: MMCCCLXXXI

2382: MMCCCLXXXII

2383: MMCCCLXXXIII

2384: MMCCCLXXXIV

2385: MMCCCLXXXV

2386: MMCCCLXXXVI

2387: MMCCCLXXXVII

2388: MMCCCLXXXVIII

2389: MMCCCLXXXIX

2390: MMCCCXC

2391: MMCCCXCI

2392: MMCCCXCII

2393: MMCCCXCIII	2412: MMCDXII
2394: MMCCCXCIV	2413: MMCDXIII
2395: MMCCCXCV	2414: MMCDXIV
2396: MMCCCXCVI	2415: MMCDXV
2397: MMCCCXCVII	2416: MMCDXVI
2398: MMCCCXCVIII	2417: MMCDXVII
2399: MMCCCXCIX	2418: MMCDXVIII
2400: MMCD	2419: MMCDXIX
2401: MMCDI	2420: MMCDXX
2402: MMCDII	2421: MMCDXXI
2403: MMCDIII	2422: MMCDXXII
2404: MMCDIV	2423: MMCDXXIII
2405: MMCDV	2424: MMCDXXIV
2406: MMCDVI	2425: MMCDXXV
2407: MMCDVII	2426: MMCDXXVI
2408: MMCDVIII	2427: MMCDXXVII
2409: MMCDIX	2428: MMCDXXVIII
2410: MMCDX	2429: MMCDXXIX
2411: MMCDXI	2430: MMCDXXX

2431: MMCDXXXI

2432: MMCDXXXII

2433: MMCDXXXIII

2434: MMCDXXXIV

2435: MMCDXXXV

2436: MMCDXXXVI

2437: MMCDXXXVII

2438: MMCDXXXVIII

2439: MMCDXXXIX

2440: MMCDXL

2441: MMCDXLI

2442: MMCDXLII

2443: MMCDXLIII

2444: MMCDXLIV

2445: MMCDXLV

2446: MMCDXLVI

2447: MMCDXLVII

2448: MMCDXLVIII

2449: MMCDXLIX

2450: MMCDL

2451: MMCDLI

2452: MMCDLII

2453: MMCDLIII

2454: MMCDLIV

2455: MMCDLV

2456: MMCDLVI

2457: MMCDLVII

2458: MMCDLVIII

2459: MMCDLIX

2460: MMCDLX

2461: MMCDLXI

2462: MMCDLXII

2463: MMCDLXIII

2464: MMCDLXIV

2465: MMCDLXV

2466: MMCDLXVI

2467: MMCDLXVII

2468: MMCDLXVIII

2469: MMCDLXIX	2488: MMCDLXXXVIII
2470: MMCDLXX	2489: MMCDLXXXIX
2471: MMCDLXXI	2490: MMCDXC
2472: MMCDLXXII	2491: MMCDXCI
2473: MMCDLXXIII	2492: MMCDXCII
2474: MMCDLXXIV	2493: MMCDXCIII
2475: MMCDLXXV	2494: MMCDXCIV
2476: MMCDLXXVI	2495: MMCDXCV
2477: MMCDLXXVII	2496: MMCDXCVI
2478: MMCDLXXVIII	2497: MMCDXCVII
2479: MMCDLXXIX	2498: MMCDXCVIII
2480: MMCDLXXX	2499: MMCDXCIX
2481: MMCDLXXXI	2500: MMD
2482: MMCDLXXXII	2501: MMDI
2483: MMCDLXXXIII	2502: MMDII
2484: MMCDLXXXIV	2503: MMDIII
2485: MMCDLXXXV	2504: MMDIV
2486: MMCDLXXXVI	2505: MMDV
2487: MMCDLXXXVII	2506: MMDVI

2507: MMDVII	2526: MMDXXVI
2508: MMDVIII	2527: MMDXXVII
2509: MMDIX	2528: MMDXXVIII
2510: MMDX	2529: MMDXXIX
2511: MMDXI	2530: MMDXXX
2512: MMDXII	2531: MMDXXXI
2513: MMDXIII	2532: MMDXXXII
2514: MMDXIV	2533: MMDXXXIII
2515: MMDXV	2534: MMDXXXIV
2516: MMDXVI	2535: MMDXXXV
2517: MMDXVII	2536: MMDXXXVI
2518: MMDXVIII	2537: MMDXXXVII
2519: MMDXIX	2538: MMDXXXVIII
2520: MMDXX	2539: MMDXXXIX
2521: MMDXXI	2540: MMDXL
2522: MMDXXII	2541: MMDXLI
2523: MMDXXIII	2542: MMDXLII
2524: MMDXXIV	2543: MMDXLIII
2525: MMDXXV	2544: MMDXLIV

2545: MMDXLV	2564: MMDLXIV
2546: MMDXLVI	2565: MMDLXV
2547: MMDXLVII	2566: MMDLXVI
2548: MMDXLVIII	2567: MMDLXVII
2549: MMDXLIX	2568: MMDLXVIII
2550: MMDL	2569: MMDLXIX
2551: MMDLI	2570: MMDLXX
2552: MMDLII	2571: MMDLXXI
2553: MMDLIII	2572: MMDLXXII
2554: MMDLIV	2573: MMDLXXIII
2555: MMDLV	2574: MMDLXXIV
2556: MMDLVI	2575: MMDLXXV
2557: MMDLVII	2576: MMDLXXVI
2558: MMDLVIII	2577: MMDLXXVII
2559: MMDLIX	2578: MMDLXXVIII
2560: MMDLX	2579: MMDLXXIX
2561: MMDLXI	2580: MMDLXXX
2562: MMDLXII	2581: MMDLXXXI
2563: MMDLXIII	2582: MMDLXXXII

2583: MMDLXXXIII

2584: MMDLXXXIV

2585: MMDLXXXV

2586: MMDLXXXVI

2587: MMDLXXXVII

2588: MMDLXXXVIII

2589: MMDLXXXIX

2590: MMDXC

2591: MMDXCI

2592: MMDXCII

2593: MMDXCIII

2594: MMDXCIV

2595: MMDXCV

2596: MMDXCVI

2597: MMDXCVII

2598: MMDXCVIII

2599: MMDXCIX

2600: MMDC

2601: MMDCI

2602: MMDCII

2603: MMDCIII

2604: MMDCIV

2605: MMDCV

2606: MMDCVI

2607: MMDCVII

2608: MMDCVIII

2609: MMDCIX

2610: MMDCX

2611: MMDCXI

2612: MMDCXII

2613: MMDCXIII

2614: MMDCXIV

2615: MMDCXV

2616: MMDCXVI

2617: MMDCXVII

2618: MMDCXVIII

2619: MMDCXIX

2620: MMDCXX

2621: MMDCXXI	2640: MMDCXL
2622: MMDCXXII	2641: MMDCXLI
2623: MMDCXXIII	2642: MMDCXLII
2624: MMDCXXIV	2643: MMDCXLIII
2625: MMDCXXV	2644: MMDCXLIV
2626: MMDCXXVI	2645: MMDCXLV
2627: MMDCXXVII	2646: MMDCXLVI
2628: MMDCXXVIII	2647: MMDCXLVII
2629: MMDCXXIX	2648: MMDCXLVIII
2630: MMDCXXX	2649: MMDCXLIX
2631: MMDCXXXI	2650: MMDCL
2632: MMDCXXXII	2651: MMDCLI
2633: MMDCXXXIII	2652: MMDCLII
2634: MMDCXXXIV	2653: MMDCLIII
2635: MMDCXXXV	2654: MMDCLIV
2636: MMDCXXXVI	2655: MMDCLV
2637: MMDCXXXVII	2656: MMDCLVI
2638: MMDCXXXVIII	2657: MMDCLVII
2639: MMDCXXXIX	2658: MMDCLVIII

2659: MMDCLIX

2660: MMDCLX

2661: MMDCLXI

2662: MMDCLXII

2663: MMDCLXIII

2664: MMDCLXIV

2665: MMDCLXV

2666: MMDCLXVI

2667: MMDCLXVII

2668: MMDCLXVIII

2669: MMDCLXIX

2670: MMDCLXX

2671: MMDCLXXI

2672: MMDCLXXII

2673: MMDCLXXIII

2674: MMDCLXXIV

2675: MMDCLXXV

2676: MMDCLXXVI

2677: MMDCLXXVII

2678: MMDCLXXVIII

2679: MMDCLXXIX

2680: MMDCLXXX

2681: MMDCLXXXI

2682: MMDCLXXXII

2683: MMDCLXXXIII

2684: MMDCLXXXIV

2685: MMDCLXXXV

2686: MMDCLXXXVI

2687: MMDCLXXXVII

2688: MMDCLXXXVIII

2689: MMDCLXXXIX

2690: MMDCXC

2691: MMDCXCI

2692: MMDCXCII

2693: MMDCXCIII

2694: MMDCXCIV

2695: MMDCXCV

2696: MMDCXCVI

2697: MMDCXCVII

2698: MMDCXCVIII

2699: MMDCXCIX

2700: MMDCC

2701: MMDCCI

2702: MMDCCII

2703: MMDCCIII

2704: MMDCCIV

2705: MMDCCV

2706: MMDCCVI

2707: MMDCCVII

2708: MMDCCVIII

2709: MMDCCIX

2710: MMDCCX

2711: MMDCCXI

2712: MMDCCXII

2713: MMDCCXIII

2714: MMDCCXIV

2715: MMDCCXV

2716: MMDCCXVI

2717: MMDCCXVII

2718: MMDCCXVIII

2719: MMDCCXIX

2720: MMDCCXX

2721: MMDCCXXI

2722: MMDCCXXII

2723: MMDCCXXIII

2724: MMDCCXXIV

2725: MMDCCXXV

2726: MMDCCXXVI

2727: MMDCCXXVII

2728: MMDCCXXVIII

2729: MMDCCXXIX

2730: MMDCCXXX

2731: MMDCCXXXI

2732: MMDCCXXXII

2733: MMDCCXXXIII

2734: MMDCCXXXIV

2735: MMDCCXXXV	2754: MMDCCLIV
2736: MMDCCXXXVI	2755: MMDCCLV
2737: MMDCCXXXVII	2756: MMDCCLVI
2738: MMDCCXXXVIII	2757: MMDCCLVII
2739: MMDCCXXXIX	2758: MMDCCLVIII
2740: MMDCCXL	2759: MMDCCLIX
2741: MMDCCXLI	2760: MMDCCLX
2742: MMDCCXLII	2761: MMDCCLXI
2743: MMDCCXLIII	2762: MMDCCLXII
2744: MMDCCXLIV	2763: MMDCCLXIII
2745: MMDCCXLV	2764: MMDCCLXIV
2746: MMDCCXLVI	2765: MMDCCLXV
2747: MMDCCXLVII	2766: MMDCCLXVI
2748: MMDCCXLVIII	2767: MMDCCLXVII
2749: MMDCCXLIX	2768: MMDCCLXVIII
2750: MMDCCL	2769: MMDCCLXIX
2751: MMDCCLI	2770: MMDCCLXX
2752: MMDCCLII	2771: MMDCCLXXI
2753: MMDCCLIII	2772: MMDCCLXXII

2773: MMDCCLXXIII

2774: MMDCCLXXIV

2775: MMDCCLXXV

2776: MMDCCLXXVI

2777: MMDCCLXXVII

2778: MMDCCLXXVIII

2779: MMDCCLXXIX

2780: MMDCCLXXX

2781: MMDCCLXXXI

2782: MMDCCLXXXII

2783: MMDCCLXXXIII

2784: MMDCCLXXXIV

2785: MMDCCLXXXV

2786: MMDCCLXXXVI

2787: MMDCCLXXXVII

2788: MMDCCLXXXVIII

2789: MMDCCLXXXIX

2790: MMDCCXC

2791: MMDCCXCI

2792: MMDCCXCII

2793: MMDCCXCIII

2794: MMDCCXCIV

2795: MMDCCXCV

2796: MMDCCXCVI

2797: MMDCCXCVII

2798: MMDCCXCVIII

2799: MMDCCXCIX

2800: MMDCCC

2801: MMDCCCI

2802: MMDCCCII

2803: MMDCCCIII

2804: MMDCCCIV

2805: MMDCCCV

2806: MMDCCCVI

2807: MMDCCCVII

2808: MMDCCCVIII

2809: MMDCCCIX

2810: MMDCCCX

2811: MMDCCCXI

2812: MMDCCCXII

2813: MMDCCCXIII

2814: MMDCCCXIV

2815: MMDCCCXV

2816: MMDCCCXVI

2817: MMDCCCXVII

2818: MMDCCCXVIII

2819: MMDCCCXIX

2820: MMDCCCXX

2821: MMDCCCXXI

2822: MMDCCCXXII

2823: MMDCCCXXIII

2824: MMDCCCXXIV

2825: MMDCCCXXV

2826: MMDCCCXXVI

2827: MMDCCCXXVII

2828: MMDCCCXXVIII

2829: MMDCCCXXIX

2830: MMDCCCXXX

2831: MMDCCCXXXI

2832: MMDCCCXXXII

2833: MMDCCCXXXIII

2834: MMDCCCXXXIV

2835: MMDCCCXXXV

2836: MMDCCCXXXVI

2837: MMDCCCXXXVII

2838: MMDCCCXXXVIII

2839: MMDCCCXXXIX

2840: MMDCCCXL

2841: MMDCCCXLI

2842: MMDCCCXLII

2843: MMDCCCXLIII

2844: MMDCCCXLIV

2845: MMDCCCXLV

2846: MMDCCCXLVI

2847: MMDCCCXLVII

2848: MMDCCCXLVIII

2849: MMDCCCXLIX

2850: MMDCCCL

2851: MMDCCCLI

2852: MMDCCCLII

2853: MMDCCCLIII

2854: MMDCCCLIV

2855: MMDCCCLV

2856: MMDCCCLVI

2857: MMDCCCLVII

2858: MMDCCCLVIII

2859: MMDCCCLIX

2860: MMDCCCLX

2861: MMDCCCLXI

2862: MMDCCCLXII

2863: MMDCCCLXIII

2864: MMDCCCLXIV

2865: MMDCCCLXV

2866: MMDCCCLXVI

2867: MMDCCCLXVII

2868: MMDCCCLXVIII

2869: MMDCCCLXIX

2870: MMDCCCLXX

2871: MMDCCCLXXI

2872: MMDCCCLXXII

2873: MMDCCCLXXIII

2874: MMDCCCLXXIV

2875: MMDCCCLXXV

2876: MMDCCCLXXVI

2877: MMDCCCLXXVII

2878: MMDCCCLXXVIII

2879: MMDCCCLXXIX

2880: MMDCCCLXXX

2881: MMDCCCLXXXI

2882: MMDCCCLXXXII

2883: MMDCCCLXXXIII

2884: MMDCCCLXXXIV

2885: MMDCCCLXXXV

2886: MMDCCCLXXXVI

2887: MMDCCCLXXXVII

2888: MMDCCCLXXXVIII

2889: MMDCCCLXXXIX

2890: MMDCCCXC

2891: MMDCCCXCI

2892: MMDCCCXCII

2893: MMDCCCXCIII

2894: MMDCCCXCIV

2895: MMDCCCXCV

2896: MMDCCCXCVI

2897: MMDCCCXCVII

2898: MMDCCCXCVIII

2899: MMDCCCXCIX

2900: MMCM

2901: MMCMI

2902: MMCMII

2903: MMCMIII

2904: MMCMIV

2905: MMCMV

2906: MMCMVI

2907: MMCMVII

2908: MMCMVIII

2909: MMCMIX

2910: MMCMX

2911: MMCMXI

2912: MMCMXII

2913: MMCMXIII

2914: MMCMXIV

2915: MMCMXV

2916: MMCMXVI

2917: MMCMXVII

2918: MMCMXVIII

2919: MMCMXIX

2920: MMCMXX

2921: MMCMXXI

2922: MMCMXXII

2923: MMCMXXIII

2924: MMCMXXIV

2925: MMCMXXV

2926: MMCMXXVI

2927: MMCMXXVII

2928: MMCMXXVIII

2929: MMCMXXIX

2930: MMCMXXX

2931: MMCMXXXI

2932: MMCMXXXII

2933: MMCMXXXIII

2934: MMCMXXXIV

2935: MMCMXXXV

2936: MMCMXXXVI

2937: MMCMXXXVII

2938: MMCMXXXVIII

2939: MMCMXXXIX

2940: MMCMXL

2941: MMCMXLI

2942: MMCMXLII

2943: MMCMXLIII

2944: MMCMXLIV

2945: MMCMXLV

2946: MMCMXLVI

2947: MMCMXLVII

2948: MMCMXLVIII

2949: MMCMXLIX

2950: MMCML

2951: MMCMLI

2952: MMCMLII

2953: MMCMLIII

2954: MMCMLIV

2955: MMCMLV

2956: MMCMLVI

2957: MMCMLVII

2958: MMCMLVIII

2959: MMCMLIX

2960: MMCMLX

2961: MMCMLXI

2962: MMCMLXII

2963: MMCMLXIII	2982: MMCMLXXXII
2964: MMCMLXIV	2983: MMCMLXXXIII
2965: MMCMLXV	2984: MMCMLXXXIV
2966: MMCMLXVI	2985: MMCMLXXXV
2967: MMCMLXVII	2986: MMCMLXXXVI
2968: MMCMLXVIII	2987: MMCMLXXXVII
2969: MMCMLXIX	2988: MMCMLXXXVIII
2970: MMCMLXX	2989: MMCMLXXXIX
2971: MMCMLXXI	2990: MMCMXC
2972: MMCMLXXII	2991: MMCMXCI
2973: MMCMLXXIII	2992: MMCMXCII
2974: MMCMLXXIV	2993: MMCMXCIII
2975: MMCMLXXV	2994: MMCMXCIV
2976: MMCMLXXVI	2995: MMCMXCV
2977: MMCMLXXVII	2996: MMCMXCVI
2978: MMCMLXXVIII	2997: MMCMXCVII
2979: MMCMLXXIX	2998: MMCMXCVIII
2980: MMCMLXXX	2999: MMCMXCIX
2981: MMCMLXXXI	3000: MMM

3001: MMMI

3002: MMMII

3003: MMMIII

3004: MMMIV

3005: MMMV

3006: MMMVI

3007: MMMVII

3008: MMMVIII

3009: MMMIX

3010: MMMX

3011: MMMXI

3012: MMMXII

3013: MMMXIII

3014: MMMXIV

3015: MMMXV

3016: MMMXVI

3017: MMMXVII

3018: MMMXVIII

3019: MMMXIX

3020: MMMXX

3021: MMMXXI

3022: MMMXXII

3023: MMMXXIII

3024: MMMXXIV

3025: MMMXXV

3026: MMMXXVI

3027: MMMXXVII

3028: MMMXXVIII

3029: MMMXXIX

3030: MMMXXX

3031: MMMXXXI

3032: MMMXXXII

3033: MMMXXXIII

3034: MMMXXXIV

3035: MMMXXXV

3036: MMMXXXVI

3037: MMMXXXVII

3038: MMMXXXVIII

3039: MMMXXXIX

3040: MMMXL

3041: MMMXLI

3042: MMMXLII

3043: MMMXLIII

3044: MMMXLIV

3045: MMMXLV

3046: MMMXLVI

3047: MMMXLVII

3048: MMMXLVIII

3049: MMMXLIX

3050: MMML

3051: MMMLI

3052: MMMLII

3053: MMMLIII

3054: MMMLIV

3055: MMMLV

3056: MMMLVI

3057: MMMLVII

3058: MMMLVIII

3059: MMMLIX

3060: MMMLX

3061: MMMLXI

3062: MMMLXII

3063: MMMLXIII

3064: MMMLXIV

3065: MMMLXV

3066: MMMLXVI

3067: MMMLXVII

3068: MMMLXVIII

3069: MMMLXIX

3070: MMMLXX

3071: MMMLXXI

3072: MMMLXXII

3073: MMMLXXIII

3074: MMMLXXIV

3075: MMMLXXV

3076: MMMLXXVI

3077: MMMLXXVII

3078: MMMLXXVIII

3079: MMMLXXIX

3080: MMMLXXX

3081: MMMLXXXI

3082: MMMLXXXII

3083: MMMLXXXIII

3084: MMMLXXXIV

3085: MMMLXXXV

3086: MMMLXXXVI

3087: MMMLXXXVII

3088: MMMLXXXVIII

3089: MMMLXXXIX

3090: MMMXC

3091: MMMXCI

3092: MMMXCII

3093: MMMXCIII

3094: MMMXCIV

3095: MMMXCV

3096: MMMXCVI

3097: MMMXCVII

3098: MMMXCVIII

3099: MMMXCIX

3100: MMMC

3101: MMMCI

3102: MMMCII

3103: MMMCIII

3104: MMMCIV

3105: MMMCV

3106: MMMCVI

3107: MMMCVII

3108: MMMCVIII

3109: MMMCIX

3110: MMMCX

3111: MMMCXI

3112: MMMCXII

3113: MMMCXIII

3114: MMMCXIV

3115: MMMCXV	3134: MMMCXXXIV
3116: MMMCXVI	3135: MMMCXXXV
3117: MMMCXVII	3136: MMMCXXXVI
3118: MMMCXVIII	3137: MMMCXXXVII
3119: MMMCXIX	3138: MMMCXXXVIII
3120: MMMCXX	3139: MMMCXXXIX
3121: MMMCXXI	3140: MMMCXL
3122: MMMCXXII	3141: MMMCXLI
3123: MMMCXXIII	3142: MMMCXLII
3124: MMMCXXIV	3143: MMMCXLIII
3125: MMMCXXV	3144: MMMCXLIV
3126: MMMCXXVI	3145: MMMCXLV
3127: MMMCXXVII	3146: MMMCXLVI
3128: MMMCXXVIII	3147: MMMCXLVII
3129: MMMCXXIX	3148: MMMCXLVIII
3130: MMMCXXX	3149: MMMCXLIX
3131: MMMCXXXI	3150: MMMCL
3132: MMMCXXXII	3151: MMMCLI
3133: MMMCXXXIII	3152: MMMCLII

3153: MMMCLIII	3172: MMMCLXXII
3154: MMMCLIV	3173: MMMCLXXIII
3155: MMMCLV	3174: MMMCLXXIV
3156: MMMCLVI	3175: MMMCLXXV
3157: MMMCLVII	3176: MMMCLXXVI
3158: MMMCLVIII	3177: MMMCLXXVII
3159: MMMCLIX	3178: MMMCLXXVIII
3160: MMMCLX	3179: MMMCLXXIX
3161: MMMCLXI	3180: MMMCLXXX
3162: MMMCLXII	3181: MMMCLXXXI
3163: MMMCLXIII	3182: MMMCLXXXII
3164: MMMCLXIV	3183: MMMCLXXXIII
3165: MMMCLXV	3184: MMMCLXXXIV
3166: MMMCLXVI	3185: MMMCLXXXV
3167: MMMCLXVII	3186: MMMCLXXXVI
3168: MMMCLXVIII	3187: MMMCLXXXVII
3169: MMMCLXIX	3188: MMMCLXXXVIII
3170: MMMCLXX	3189: MMMCLXXXIX
3171: MMMCLXXI	3190: MMMCXC

3191: MMMCXCI

3192: MMMCXCII

3193: MMMCXCIII

3194: MMMCXCIV

3195: MMMCXCV

3196: MMMCXCVI

3197: MMMCXCVII

3198: MMMCXCVIII

3199: MMMCXCIX

3200: MMMCC

3201: MMMCCI

3202: MMMCCII

3203: MMMCCIII

3204: MMMCCIV

3205: MMMCCV

3206: MMMCCVI

3207: MMMCCVII

3208: MMMCCVIII

3209: MMMCCIX

3210: MMMCCX

3211: MMMCCXI

3212: MMMCCXII

3213: MMMCCXIII

3214: MMMCCXIV

3215: MMMCCXV

3216: MMMCCXVI

3217: MMMCCXVII

3218: MMMCCXVIII

3219: MMMCCXIX

3220: MMMCCXX

3221: MMMCCXXI

3222: MMMCCXXII

3223: MMMCCXXIII

3224: MMMCCXXIV

3225: MMMCCXXV

3226: MMMCCXXVI

3227: MMMCCXXVII

3228: MMMCCXXVIII

3229: MMMCCXXIX

3230: MMMCCXXX

3231: MMMCCXXXI

3232: MMMCCXXXII

3233: MMMCCXXXIII

3234: MMMCCXXXIV

3235: MMMCCXXXV

3236: MMMCCXXXVI

3237: MMMCCXXXVII

3238: MMMCCXXXVIII

3239: MMMCCXXXIX

3240: MMMCCXL

3241: MMMCCXLI

3242: MMMCCXLII

3243: MMMCCXLIII

3244: MMMCCXLIV

3245: MMMCCXLV

3246: MMMCCXLVI

3247: MMMCCXLVII

3248: MMMCCXLVIII

3249: MMMCCXLIX

3250: MMMCCL

3251: MMMCCLI

3252: MMMCCLII

3253: MMMCCLIII

3254: MMMCCLIV

3255: MMMCCLV

3256: MMMCCLVI

3257: MMMCCLVII

3258: MMMCCLVIII

3259: MMMCCLIX

3260: MMMCCLX

3261: MMMCCLXI

3262: MMMCCLXII

3263: MMMCCLXIII

3264: MMMCCLXIV

3265: MMMCCLXV

3266: MMMCCLXVI

3267: MMMCCLXVII	3286: MMMCCLXXXVI
3268: MMMCCLXVIII	3287: MMMCCLXXXVII
3269: MMMCCLXIX	3288: MMMCCLXXXVIII
3270: MMMCCLXX	3289: MMMCCLXXXIX
3271: MMMCCLXXI	3290: MMMCCXC
3272: MMMCCLXXII	3291: MMMCCXCI
3273: MMMCCLXXIII	3292: MMMCCXCII
3274: MMMCCLXXIV	3293: MMMCCXCIII
3275: MMMCCLXXV	3294: MMMCCXCIV
3276: MMMCCLXXVI	3295: MMMCCXCV
3277: MMMCCLXXVII	3296: MMMCCXCVI
3278: MMMCCLXXVIII	3297: MMMCCXCVII
3279: MMMCCLXXIX	3298: MMMCCXCVIII
3280: MMMCCLXXX	3299: MMMCCXCIX
3281: MMMCCLXXXI	3300: MMMCCC
3282: MMMCCLXXXII	3301: MMMCCCI
3283: MMMCCLXXXIII	3302: MMMCCCII
3284: MMMCCLXXXIV	3303: MMMCCCIII
3285: MMMCCLXXXV	3304: MMMCCCIV

3305: MMMCCCV

3306: MMMCCCVI

3307: MMMCCCVII

3308: MMMCCCVIII

3309: MMMCCCIX

3310: MMMCCCX

3311: MMMCCCXI

3312: MMMCCCXII

3313: MMMCCCXIII

3314: MMMCCCXIV

3315: MMMCCCXV

3316: MMMCCCXVI

3317: MMMCCCXVII

3318: MMMCCCXVIII

3319: MMMCCCXIX

3320: MMMCCCXX

3321: MMMCCCXXI

3322: MMMCCCXXII

3323: MMMCCCXXIII

3324: MMMCCCXXIV

3325: MMMCCCXXV

3326: MMMCCCXXVI

3327: MMMCCCXXVII

3328: MMMCCCXXVIII

3329: MMMCCCXXIX

3330: MMMCCCXXX

3331: MMMCCCXXXI

3332: MMMCCCXXXII

3333: MMMCCCXXXIII

3334: MMMCCCXXXIV

3335: MMMCCCXXXV

3336: MMMCCCXXXVI

3337: MMMCCCXXXVII

3338: MMMCCCXXXVIII

3339: MMMCCCXXXIX

3340: MMMCCCXL

3341: MMMCCCXLI

3342: MMMCCCXLII

3343: MMMCCCXLIII

3344: MMMCCCXLIV

3345: MMMCCCXLV

3346: MMMCCCXLVI

3347: MMMCCCXLVII

3348: MMMCCCXLVIII

3349: MMMCCCXLIX

3350: MMMCCCL

3351: MMMCCCLI

3352: MMMCCCLII

3353: MMMCCCLIII

3354: MMMCCCLIV

3355: MMMCCCLV

3356: MMMCCCLVI

3357: MMMCCCLVII

3358: MMMCCCLVIII

3359: MMMCCCLIX

3360: MMMCCCLX

3361: MMMCCCLXI

3362: MMMCCCLXII

3363: MMMCCCLXIII

3364: MMMCCCLXIV

3365: MMMCCCLXV

3366: MMMCCCLXVI

3367: MMMCCCLXVII

3368: MMMCCCLXVIII

3369: MMMCCCLXIX

3370: MMMCCCLXX

3371: MMMCCCLXXI

3372: MMMCCCLXXII

3373: MMMCCCLXXIII

3374: MMMCCCLXXIV

3375: MMMCCCLXXV

3376: MMMCCCLXXVI

3377: MMMCCCLXXVII

3378: MMMCCCLXXVIII

3379: MMMCCCLXXIX

3380: MMMCCCLXXX

3381: MMMCCCLXXXI

3382: MMMCCCLXXXII

3383: MMMCCCLXXXIII

3384: MMMCCCLXXXIV

3385: MMMCCCLXXXV

3386: MMMCCCLXXXVI

3387: MMMCCCLXXXVII

3388: MMMCCCLXXXVIII

3389: MMMCCCLXXXIX

3390: MMMCCCXC

3391: MMMCCCXCI

3392: MMMCCCXCII

3393: MMMCCCXCIII

3394: MMMCCCXCIV

3395: MMMCCCXCV

3396: MMMCCCXCVI

3397: MMMCCCXCVII

3398: MMMCCCXCVIII

3399: MMMCCCXCIX

3400: MMMCD

3401: MMMCDI

3402: MMMCDII

3403: MMMCDIII

3404: MMMCDIV

3405: MMMCDV

3406: MMMCDVI

3407: MMMCDVII

3408: MMMCDVIII

3409: MMMCDIX

3410: MMMCDX

3411: MMMCDXI

3412: MMMCDXII

3413: MMMCDXIII

3414: MMMCDXIV

3415: MMMCDXV

3416: MMMCDXVI

3417: MMMCDXVII

3418: MMMCDXVIII

3419: MMMCDXIX	3438: MMMCDXXXVIII
3420: MMMCDXX	3439: MMMCDXXXIX
3421: MMMCDXXI	3440: MMMCDXL
3422: MMMCDXXII	3441: MMMCDXLI
3423: MMMCDXXIII	3442: MMMCDXLII
3424: MMMCDXXIV	3443: MMMCDXLIII
3425: MMMCDXXV	3444: MMMCDXLIV
3426: MMMCDXXVI	3445: MMMCDXLV
3427: MMMCDXXVII	3446: MMMCDXLVI
3428: MMMCDXXVIII	3447: MMMCDXLVII
3429: MMMCDXXIX	3448: MMMCDXLVIII
3430: MMMCDXXX	3449: MMMCDXLIX
3431: MMMCDXXXI	3450: MMMCDL
3432: MMMCDXXXII	3451: MMMCDLI
3433: MMMCDXXXIII	3452: MMMCDLII
3434: MMMCDXXXIV	3453: MMMCDLIII
3435: MMMCDXXXV	3454: MMMCDLIV
3436: MMMCDXXXVI	3455: MMMCDLV
3437: MMMCDXXXVII	3456: MMMCDLVI

3457: MMMCDLVII

3458: MMMCDLVIII

3459: MMMCDLIX

3460: MMMCDLX

3461: MMMCDLXI

3462: MMMCDLXII

3463: MMMCDLXIII

3464: MMMCDLXIV

3465: MMMCDLXV

3466: MMMCDLXVI

3467: MMMCDLXVII

3468: MMMCDLXVIII

3469: MMMCDLXIX

3470: MMMCDLXX

3471: MMMCDLXXI

3472: MMMCDLXXII

3473: MMMCDLXXIII

3474: MMMCDLXXIV

3475: MMMCDLXXV

3476: MMMCDLXXVI

3477: MMMCDLXXVII

3478: MMMCDLXXVIII

3479: MMMCDLXXIX

3480: MMMCDLXXX

3481: MMMCDLXXXI

3482: MMMCDLXXXII

3483: MMMCDLXXXIII

3484: MMMCDLXXXIV

3485: MMMCDLXXXV

3486: MMMCDLXXXVI

3487: MMMCDLXXXVII

3488: MMMCDLXXXVIII

3489: MMMCDLXXXIX

3490: MMMCDXC

3491: MMMCDXCI

3492: MMMCDXCII

3493: MMMCDXCIII

3494: MMMCDXCIV

3495: MMMCDXCV

3496: MMMCDXCVI

3497: MMMCDXCVII

3498: MMMCDXCVIII

3499: MMMCDXCIX

3500: MMMD

3501: MMMDI

3502: MMMDII

3503: MMMDIII

3504: MMMDIV

3505: MMMDV

3506: MMMDVI

3507: MMMDVII

3508: MMMDVIII

3509: MMMDIX

3510: MMMDX

3511: MMMDXI

3512: MMMDXII

3513: MMMDXIII

3514: MMMDXIV

3515: MMMDXV

3516: MMMDXVI

3517: MMMDXVII

3518: MMMDXVIII

3519: MMMDXIX

3520: MMMDXX

3521: MMMDXXI

3522: MMMDXXII

3523: MMMDXXIII

3524: MMMDXXIV

3525: MMMDXXV

3526: MMMDXXVI

3527: MMMDXXVII

3528: MMMDXXVIII

3529: MMMDXXIX

3530: MMMDXXX

3531: MMMDXXXI

3532: MMMDXXXII

3533: MMMDXXXIII	3552: MMMDLII
3534: MMMDXXXIV	3553: MMMDLIII
3535: MMMDXXXV	3554: MMMDLIV
3536: MMMDXXXVI	3555: MMMDLV
3537: MMMDXXXVII	3556: MMMDLVI
3538: MMMDXXXVIII	3557: MMMDLVII
3539: MMMDXXXIX	3558: MMMDLVIII
3540: MMMDXL	3559: MMMDLIX
3541: MMMDXLI	3560: MMMDLX
3542: MMMDXLII	3561: MMMDLXI
3543: MMMDXLIII	3562: MMMDLXII
3544: MMMDXLIV	3563: MMMDLXIII
3545: MMMDXLV	3564: MMMDLXIV
3546: MMMDXLVI	3565: MMMDLXV
3547: MMMDXLVII	3566: MMMDLXVI
3548: MMMDXLVIII	3567: MMMDLXVII
3549: MMMDXLIX	3568: MMMDLXVIII
3550: MMMDL	3569: MMMDLXIX
3551: MMMDLI	3570: MMMDLXX

3571: MMMDLXXI

3572: MMMDLXXII

3573: MMMDLXXIII

3574: MMMDLXXIV

3575: MMMDLXXV

3576: MMMDLXXVI

3577: MMMDLXXVII

3578: MMMDLXXVIII

3579: MMMDLXXIX

3580: MMMDLXXX

3581: MMMDLXXXI

3582: MMMDLXXXII

3583: MMMDLXXXIII

3584: MMMDLXXXIV

3585: MMMDLXXXV

3586: MMMDLXXXVI

3587: MMMDLXXXVII

3588: MMMDLXXXVIII

3589: MMMDLXXXIX

3590: MMMDXC

3591: MMMDXCI

3592: MMMDXCII

3593: MMMDXCIII

3594: MMMDXCIV

3595: MMMDXCV

3596: MMMDXCVI

3597: MMMDXCVII

3598: MMMDXCVIII

3599: MMMDXCIX

3600: MMMDC

3601: MMMDCI

3602: MMMDCII

3603: MMMDCIII

3604: MMMDCIV

3605: MMMDCV

3606: MMMDCVI

3607: MMMDCVII

3608: MMMDCVIII

3609: MMMDCIX

3610: MMMDCX

3611: MMMDCXI

3612: MMMDCXII

3613: MMMDCXIII

3614: MMMDCXIV

3615: MMMDCXV

3616: MMMDCXVI

3617: MMMDCXVII

3618: MMMDCXVIII

3619: MMMDCXIX

3620: MMMDCXX

3621: MMMDCXXI

3622: MMMDCXXII

3623: MMMDCXXIII

3624: MMMDCXXIV

3625: MMMDCXXV

3626: MMMDCXXVI

3627: MMMDCXXVII

3628: MMMDCXXVIII

3629: MMMDCXXIX

3630: MMMDCXXX

3631: MMMDCXXXI

3632: MMMDCXXXII

3633: MMMDCXXXIII

3634: MMMDCXXXIV

3635: MMMDCXXXV

3636: MMMDCXXXVI

3637: MMMDCXXXVII

3638: MMMDCXXXVIII

3639: MMMDCXXXIX

3640: MMMDCXL

3641: MMMDCXLI

3642: MMMDCXLII

3643: MMMDCXLIII

3644: MMMDCXLIV

3645: MMMDCXLV

3646: MMMDCXLVI

3647: MMMDCXLVII	3666: MMMDCLXVI
3648: MMMDCXLVIII	3667: MMMDCLXVII
3649: MMMDCXLIX	3668: MMMDCLXVIII
3650: MMMDCL	3669: MMMDCLXIX
3651: MMMDCLI	3670: MMMDCLXX
3652: MMMDCLII	3671: MMMDCLXXI
3653: MMMDCLIII	3672: MMMDCLXXII
3654: MMMDCLIV	3673: MMMDCLXXIII
3655: MMMDCLV	3674: MMMDCLXXIV
3656: MMMDCLVI	3675: MMMDCLXXV
3657: MMMDCLVII	3676: MMMDCLXXVI
3658: MMMDCLVIII	3677: MMMDCLXXVII
3659: MMMDCLIX	3678: MMMDCLXXVIII
3660: MMMDCLX	3679: MMMDCLXXIX
3661: MMMDCLXI	3680: MMMDCLXXX
3662: MMMDCLXII	3681: MMMDCLXXXI
3663: MMMDCLXIII	3682: MMMDCLXXXII
3664: MMMDCLXIV	3683: MMMDCLXXXIII
3665: MMMDCLXV	3684: MMMDCLXXXIV

3685: MMMDCLXXXV

3686: MMMDCLXXXVI

3687: MMMDCLXXXVII

3688: MMMDCLXXXVIII

3689: MMMDCLXXXIX

3690: MMMDCXC

3691: MMMDCXCI

3692: MMMDCXCII

3693: MMMDCXCIII

3694: MMMDCXCIV

3695: MMMDCXCV

3696: MMMDCXCVI

3697: MMMDCXCVII

3698: MMMDCXCVIII

3699: MMMDCXCIX

3700: MMMDCC

3701: MMMDCCI

3702: MMMDCCII

3703: MMMDCCIII

3704: MMMDCCIV

3705: MMMDCCV

3706: MMMDCCVI

3707: MMMDCCVII

3708: MMMDCCVIII

3709: MMMDCCIX

3710: MMMDCCX

3711: MMMDCCXI

3712: MMMDCCXII

3713: MMMDCCXIII

3714: MMMDCCXIV

3715: MMMDCCXV

3716: MMMDCCXVI

3717: MMMDCCXVII

3718: MMMDCCXVIII

3719: MMMDCCXIX

3720: MMMDCCXX

3721: MMMDCCXXI

3722: MMMDCCXXII

3723: MMMDCCXXIII

3724: MMMDCCXXIV

3725: MMMDCCXXV

3726: MMMDCCXXVI

3727: MMMDCCXXVII

3728: MMMDCCXXVIII

3729: MMMDCCXXIX

3730: MMMDCCXXX

3731: MMMDCCXXXI

3732: MMMDCCXXXII

3733: MMMDCCXXXIII

3734: MMMDCCXXXIV

3735: MMMDCCXXXV

3736: MMMDCCXXXVI

3737: MMMDCCXXXVII

3738: MMMDCCXXXVIII

3739: MMMDCCXXXIX

3740: MMMDCCXL

3741: MMMDCCXLI

3742: MMMDCCXLII

3743: MMMDCCXLIII

3744: MMMDCCXLIV

3745: MMMDCCXLV

3746: MMMDCCXLVI

3747: MMMDCCXLVII

3748: MMMDCCXLVIII

3749: MMMDCCXLIX

3750: MMMDCCL

3751: MMMDCCLI

3752: MMMDCCLII

3753: MMMDCCLIII

3754: MMMDCCLIV

3755: MMMDCCLV

3756: MMMDCCLVI

3757: MMMDCCLVII

3758: MMMDCCLVIII

3759: MMMDCCLIX

3760: MMMDCCLX

3761: MMMDCCLXI	3780: MMMDCCLXXX
3762: MMMDCCLXII	3781: MMMDCCLXXXI
3763: MMMDCCLXIII	3782: MMMDCCLXXXII
3764: MMMDCCLXIV	3783: MMMDCCLXXXIII
3765: MMMDCCLXV	3784: MMMDCCLXXXIV
3766: MMMDCCLXVI	3785: MMMDCCLXXXV
3767: MMMDCCLXVII	3786: MMMDCCLXXXVI
3768: MMMDCCLXVIII	3787: MMMDCCLXXXVII
3769: MMMDCCLXIX	3788: MMMDCCLXXXVIII
3770: MMMDCCLXX	3789: MMMDCCLXXXIX
3771: MMMDCCLXXI	3790: MMMDCCXC
3772: MMMDCCLXXII	3791: MMMDCCXCI
3773: MMMDCCLXXIII	3792: MMMDCCXCII
3774: MMMDCCLXXIV	3793: MMMDCCXCIII
3775: MMMDCCLXXV	3794: MMMDCCXCIV
3776: MMMDCCLXXVI	3795: MMMDCCXCV
3777: MMMDCCLXXVII	3796: MMMDCCXCVI
3778: MMMDCCLXXVIII	3797: MMMDCCXCVII
3779: MMMDCCLXXIX	3798: MMMDCCXCVIII

3799: MMMDCCXCIX

3800: MMMDCCC

3801: MMMDCCCI

3802: MMMDCCCII

3803: MMMDCCCIII

3804: MMMDCCCIV

3805: MMMDCCCV

3806: MMMDCCCVI

3807: MMMDCCCVII

3808: MMMDCCCVIII

3809: MMMDCCCIX

3810: MMMDCCCX

3811: MMMDCCCXI

3812: MMMDCCCXII

3813: MMMDCCCXIII

3814: MMMDCCCXIV

3815: MMMDCCCXV

3816: MMMDCCCXVI

3817: MMMDCCCXVII

3818: MMMDCCCXVIII

3819: MMMDCCCXIX

3820: MMMDCCCXX

3821: MMMDCCCXXI

3822: MMMDCCCXXII

3823: MMMDCCCXXIII

3824: MMMDCCCXXIV

3825: MMMDCCCXXV

3826: MMMDCCCXXVI

3827: MMMDCCCXXVII

3828: MMMDCCCXXVIII

3829: MMMDCCCXXIX

3830: MMMDCCCXXX

3831: MMMDCCCXXXI

3832: MMMDCCCXXXII

3833: MMMDCCCXXXIII

3834: MMMDCCCXXXIV

3835: MMMDCCCXXXV

3836: MMMDCCCXXXVI

3837: MMMDCCCXXXVII

3838: MMMDCCCXXXVIII

3839: MMMDCCCXXXIX

3840: MMMDCCCXL

3841: MMMDCCCXLI

3842: MMMDCCCXLII

3843: MMMDCCCXLIII

3844: MMMDCCCXLIV

3845: MMMDCCCXLV

3846: MMMDCCCXLVI

3847: MMMDCCCXLVII

3848: MMMDCCCXLVIII

3849: MMMDCCCXLIX

3850: MMMDCCCL

3851: MMMDCCCLI

3852: MMMDCCCLII

3853: MMMDCCCLIII

3854: MMMDCCCLIV

3855: MMMDCCCLV

3856: MMMDCCCLVI

3857: MMMDCCCLVII

3858: MMMDCCCLVIII

3859: MMMDCCCLIX

3860: MMMDCCCLX

3861: MMMDCCCLXI

3862: MMMDCCCLXII

3863: MMMDCCCLXIII

3864: MMMDCCCLXIV

3865: MMMDCCCLXV

3866: MMMDCCCLXVI

3867: MMMDCCCLXVII

3868: MMMDCCCLXVIII

3869: MMMDCCCLXIX

3870: MMMDCCCLXX

3871: MMMDCCCLXXI

3872: MMMDCCCLXXII

3873: MMMDCCCLXXIII

3874: MMMDCCCLXXIV

3875: MMMDCCCLXXV

3876: MMMDCCCLXXVI

3877: MMMDCCCLXXVII

3878: MMMDCCCLXXVIII

3879: MMMDCCCLXXIX

3880: MMMDCCCLXXX

3881: MMMDCCCLXXXI

3882: MMMDCCCLXXXII

3883: MMMDCCCLXXXIII

3884: MMMDCCCLXXXIV

3885: MMMDCCCLXXXV

3886: MMMDCCCLXXXVI

3887: MMMDCCCLXXXVII

3888: MMMDCCCLXXXVIII

3889: MMMDCCCLXXXIX

3890: MMMDCCCXC

3891: MMMDCCCXCI

3892: MMMDCCCXCII

3893: MMMDCCCXCIII

3894: MMMDCCCXCIV

3895: MMMDCCCXCV

3896: MMMDCCCXCVI

3897: MMMDCCCXCVII

3898: MMMDCCCXCVIII

3899: MMMDCCCXCIX

3900: MMMCM

3901: MMMCMI

3902: MMMCMII

3903: MMMCMIII

3904: MMMCMIV

3905: MMMCMV

3906: MMMCMVI

3907: MMMCMVII

3908: MMMCMVIII

3909: MMMCMIX

3910: MMMCMX

3911: MMMCMXI

3912: MMMCMXII

3913: MMMCMXIII

3914: MMMCMXIV

3915: MMMCMXV

3916: MMMCMXVI

3917: MMMCMXVII

3918: MMMCMXVIII

3919: MMMCMXIX

3920: MMMCMXX

3921: MMMCMXXI

3922: MMMCMXXII

3923: MMMCMXXIII

3924: MMMCMXXIV

3925: MMMCMXXV

3926: MMMCMXXVI

3927: MMMCMXXVII

3928: MMMCMXXVIII

3929: MMMCMXXIX

3930: MMMCMXXX

3931: MMMCMXXXI

3932: MMMCMXXXII

3933: MMMCMXXXIII

3934: MMMCMXXXIV

3935: MMMCMXXXV

3936: MMMCMXXXVI

3937: MMMCMXXXVII

3938: MMMCMXXXVIII

3939: MMMCMXXXIX

3940: MMMCMXL

3941: MMMCMXLI

3942: MMMCMXLII

3943: MMMCMXLIII

3944: MMMCMXLIV

3945: MMMCMXLV

3946: MMMCMXLVI

3947: MMMCMXLVII

3948: MMMCMXLVIII

3949: MMMCMXLIX

3950: MMMCML

3951: MMMCMLI

3952: MMMCMLII

3953: MMMCMLIII

3954: MMMCMLIV

3955: MMMCMLV

3956: MMMCMLVI

3957: MMMCMLVII

3958: MMMCMLVIII

3959: MMMCMLIX

3960: MMMCMLX

3961: MMMCMLXI

3962: MMMCMLXII

3963: MMMCMLXIII

3964: MMMCMLXIV

3965: MMMCMLXV

3966: MMMCMLXVI

3967: MMMCMLXVII

3968: MMMCMLXVIII

3969: MMMCMLXIX

3970: MMMCMLXX

3971: MMMCMLXXI

3972: MMMCMLXXII

3973: MMMCMLXXIII

3974: MMMCMLXXIV

3975: MMMCMLXXV

3976: MMMCMLXXVI

3977: MMMCMLXXVII

3978: MMMCMLXXVIII

3979: MMMCMLXXIX

3980: MMMCMLXXX

3981: MMMCMLXXXI

3982: MMMCMLXXXII

3983: MMMCMLXXXIII

3984: MMMCMLXXXIV

3985: MMMCMLXXXV

3986: MMMCMLXXXVI

3987: MMMCMLXXXVII

3988: MMMCMLXXXVIII

3989: MMMCMLXXXIX

3990: MMMCMXC

3991: MMMCMXCI

3992: MMMCMXCII

3993: MMMCMXCIII

3994: MMMCMXCIV

3995: MMMCMXCV

3996: MMMCMXCVI

3997: MMMCMXCVII

3998: MMMCMXCVIII

3999: MMMCMXCIX

Este libro será de gran utilidad para aprender los números romanos, o como consulta rápida. Los autores lo han hecho disponible para que lo lleves contigo y puedas aprender fácilmente este sistema de numeración.

Made in the USA
Middletown, DE
01 August 2023

36061562R00066